KB020862

스피노자의 『윤리학』 연구

스피노자의 『윤리학』 연구

박삼열 저

선학사

::머리말

한 철학자의 사상을 연구하는 방법은 원전을 먼저 정독한 다음, 여러 권의 연구서를 읽는 방법이 일반적이다. 이런 방법이 일반화된 이유는 연구서들을 먼저 접하면 일종의 선입견을 가지고 그 철학자의 원전을 읽게 되기 때문이다. 그러나 많은 스피노자 연구가들은 정반대의 방법, 즉 연구서를 먼저 읽은 다음, 그의 『윤리학』을 읽으라고 권유한다. 『윤리학』을 먼저 읽을 경우, 그 난해함에 중도 포기하게 될 것을 우려하기 때문이다.

필자도 주위에서 그의 『윤리학』을 읽다가 도무지 이해할 수 없어서 포기했다는 이야기를 종종 듣는다. 그 때마다 필자는 스피노자의 『윤리학』에 대한 몇 권의 연구서를 소개해 준다. 다행스럽게도 최근에는 『윤리학』도 우리말로 번역되어 있고, 연구서도 네 권이 번역되어 있다. 물론 연구서들도 어렵다는 이야기를 다시 듣게 되지만, 그래도 『윤리학』보다는 쉽지 않느냐고 대답한다. 어려운 책을 연구한 책들이니까 어려울 수밖에 없을 것이다. 이 어려운 『윤리학』이 많은 사람들에게 쉽게 이해되기를 바라는 마음에서 필자가 그동안 이해한 스피노자의 『윤리학』을 소개하기로 생각하게 되었다. 이 책의 2~4장 부분의 글은 그동안 『철학연구』에 발표된 논문들을 수정 보완한 것이다. 스피노자의 윤리학은 인식론과 병행하면서 전개되고, 또한 인식론은 그의 형이상학적 세계관과 맞물려 있다. 그래서 그의 『윤리학』은 형이상학에서 출발해서 인식론을 거쳐 윤리학에 다다른다.

필자가 경험한 스피노자는 냉철한 이성과 따뜻한 마음을 같이 가지고 있다. 우리는 그것을 『윤리학』에서 경험할 수 있다. 비록 『윤리학』이 기하학적 방식으로 연역적인 체계에 따라 논리정연하게 쓰여졌지만, 모든 인간이 행복한 삶을 영위하기를 바라는 그의 마음이 『윤리학』에 고스란히 담겨져 있다.

인간은 감정의 동물이다. 그래서 우리는 때로는 감정에 좌우되기도 하고, 때로는 감정을 자제하기도 한다. 그리고 자신의 의지로 감정을 다스리고 통제할 수 있는 사람을 우리는 흔히 훌륭한 사람이라고 말한다. 그러나 스피노자는 『윤리학』에서 감정을 더 강력한 감정으로 제어할 때 인간은 마음의 평정을 가지게 되고, 최고 행복에 이를 수 있다고 역설한다. 그의 『윤리학』은 감정의 동물인 인간이 감정을 사용하면서 행복하게 잘 살 수 있는 길을 제시해 주는 인간 행복의 증진을 위한 책이다.

스피노자의 『윤리학』은 어렵다. 그러나 어려운 만큼 깊이가 있고, 또한 재미있다. "모든 고귀한 것은 드문 동시에 어려움이 따른다"라는 그의 말처럼 최고 행복에 이르는 길을 제시하는 『윤리학』은 우리에게 어려울 수밖에 없을 것이다. 이 책이 그 어려움을 덜어주는 데 작은 보탬이 되기를 바란다.

그리고 이 책이 나올 수 있도록 원고 교정을 도와준 후배 김범수에게 감사의 마음을 전한다. 또한 책의 출판을 기꺼이 허락해 주시고 출판과정에서도 많은 도움을 주신 선학사 이찬규 사장님과 편집부 여러분께 감사를 드린다.

2002년 겨울
박 삼 열

::차례 스피노자의 『윤리학』 연구

머리말 —— 5

제1장 실체 : 신 즉 자연 ···································· 11
　　I.　예비적 고찰 —— 14
　　II.　실체 즉 신 —— 24
　　III.　합리적 자연관 —— 33
　　IV.　신 즉 자연 —— 39

제2장 속성 : 비실재성과 실재성 ···················· 53
　　I.　주관적 해석과 객관적 해석의 비교 —— 57
　　II.　드 브리스의 편지 —— 64
　　III.　정의 4 —— 69

제3장 하나의 실체와 다수의 속성들 ·············· 85
　　I.　베넷의 객관적 해석 —— 90
　　II.　문제 해결을 위한 제안 —— 96

제4장 양태 : 정신과 신체 ·· 119

  I.   동일론적 해석들 —— 124

  II. 동일성과 인과 관계의 부정 —— 145

  III. 동일론과 평행론 —— 152

제5장 윤리학 : 최고 행복에 이르는 길 ······························· 165

  I.   예비적 고찰 —— 169

  II. 감정론 —— 177

  III. 윤리학 : 최고 행복에 이르는 길 —— 181

  Bibliography —— 206

  찾아보기 —— 217

일러두기

● 『윤리학』의 라틴어 원전은 다음의 스피노자 전집 2권에 있다.

   Spinoza Opera. 4 Vols. Ed. Carl Gebhardt. Heidelberg: C. Winter. 1925.

● 라틴어 원전과 함께 필자가 참조한 『윤리학』의 영어본들은 다음과 같다.

   Ethics. Translated by James Gutmann. New York and London: Hafner Press, 1949.

   Ethics. Translated by W. Hale White. Revised by A.H. Stirling. London: Milford, 1929.

   Ethics. Translated by Edwin Curley. in *Collected Works of Spinoza*. Vol. 1. Princeton: Princeton University Press, 1985.

   Ethics. Translated by R. H. M. Elwes, in *Chief Works of Benedict de Spinoza*. 2 vols. London: Chiswick Press, 1883.

   Ethics and Selected Letters. Translated by Samuel Shirley. Indianapolis: Hackett, 1982.

● 스피노자의 서신들은 다음 책에서 인용하였다.

   Curley (ed. and trans.), *The Collected Works of Spinoza*. vol. 1. Princton: Princeton University Press, 1985.

제1장
실체 : 신 즉 자연

I. 예비적 고찰

II. 실체 즉 신

III. 합리적 자연관

IV. 신 즉 자연

실체 : 신 즉 자연

　스피노자의 철학을 올바르게 이해하기 위해서 그가 살았던 '근대'라는 시대를 먼저 살펴보는 작업이 필요할 것이다. 이 장에서는 먼저 서양 근대가 성립하는 시대적 배경과 시대 정신을 간략하게 살펴보려고 한다. 그런 후 데까르뜨와 스피노자를 비교해봄으로써 스피노자의 문제 의식은 무엇이었는가를 알아볼 것이다. 그런 다음 데까르뜨의 문제점을 해결하기 위해 스피노자가 제시하는 유일 실체관을 구체적으로 고찰해 볼 것이다.

　스피노자의 윤리학은 인식론과 병행하면서 전개되고, 또한 인식론은 그의 형이상학적 세계관과 맞물려 있다. 그래서 그의 『윤리학』은 형이상학에서 출발해서 인식론을 거쳐 윤리학에 다다른다. 따라서 스피노자가 『윤리학』에서 제시하는 세계관은 인간의 최고 행복을 찾아가는 길과 밀접하게 연관되어 있다. 그럼 '실체 즉 신', 또는 '신 즉 자연'으로 표현되는 그의 세계관에 대해 예비적 고찰을 거친 다음, 본격적인 논의를 진행해 보도록 하자.

I. 예비적 고찰

1. 서양 근대의 시대적 배경

근대, 즉 모던(modern)이란 말은 어원상 '새로운' 또는 '지금'을 의미한다. 모던(modern)이 의미하는 새로운 시대는 인간 이성에 대한 신뢰를 바탕으로 시작되었다. 중세에서는 이성의 주체는 신이었다. 다시 말해 인간은 신으로부터 이성의 일부를 부여받아 신의 뜻에 따라 사는 존재로 이해되었다. 그러나 근대에 와서 인간이 이성의 주체가 되었다. 이때에 이르러서 비로소 인간 이성은 자율성을 확보할 수 있게 되었다. 인간 이성과 모순되는 것들은 모두 배격되었으며, 인간 이성이 진리의 기준이 되었다. 이제 이성은 신의 이성이 아니라 인간의 이성이 되었으며, 인간의 양도할 수 없는 권리가 된 것이다. 이렇게 근대는 신이 세계의 중심에서 주변부로 밀려나면서 시작되었다.

근대의 시대 정신이 지니는 특징은 계몽주의로 설명할 수 있다. 계몽주의에서는 인간 이성에 대한 신뢰를 바탕으로 인류가 보다 나은 삶을 위해 우주의 비밀, 즉 우주의 법칙을 밝혀내고 자연을 정복할 수 있다고 본다 그래서 계몽주의는 자연과 사회를 변화시켜 인간이 행복한 상태에 도달할 수 있다는 신념을 가지고 있다. 오늘날 우리가 살고 있는 과학 문명이 고도로 발달된 세계도 이성의 시대, 즉 근대의 산물이다. 그리고 이 근대는 종교개혁, 르네상스, 과학 혁명을 바탕으로 시작되었다.

서양 근대는 흔히 두 개의 R과 함께 시작한다고 한다. 하나는 종교개혁(Reformation)이고, 다른 하나는 르네상스(Renaissance)이다. 중세 교회의 권위를 붕괴시킨 종교개혁(1517년)은 역사적으로 근대를 중세와 명확하게 구분해주는 명백한 기준이 된다. 종교개혁자들은 구원에 이르는 길이 가톨릭 교회가 아닌 신앙이라고 주장했다. 그리고 그 신앙의 근거는 성서였다. 이는 가톨릭 교회가 연옥설에 근거해서 사면권을 가지고 면죄부를 판매하는 것을 전면적으로 부정하는 것이었다. 따라서 가톨릭 교회의 존립은 위태롭게 되었다. 이렇게 교회의 권위를 부정한 점과 교회 중심의 신앙에서 벗어나 개인 중심의 신앙을 인정한다는 점에서 종교개혁자들은 인문주의자들과 같은 관점을 지닌다. 그러나 종교개혁자들은 인문주의자들과 달리 이성을 "사악한 자의식을 높이고, 자만심을 충족하는 기술적이고 논리적인 힘"[1]이라고 비판하면서 신본주의 사상으로

---

1) 서양근대철학회 엮음, 『서양근대철학』(서울 : 창작과 비평사, 2001), 23쪽.

이성을 배격하였다. 따라서 종교개혁은 교회의 권위에 의해 지탱되던 중세의 질서를 무너뜨렸지만, 근대의 합리주의와는 많은 거리가 있었다. 따라서 근대의 시대 정신이 형성되기 위해서는 종교개혁만으로는 부족하였다.

르네상스는 수도원에 방치되어 있는 그리스 로마의 고전들을 수집, 정리, 번역함으로써 고전 정신을 이어가고자 하는 운동으로 14세기부터 이탈리아에서 시작되었다.[2] 고전의 복원은 곧 인간성의 복원을 의미한다. 고전적 인간상의 부활로 오랫동안 인간의 자유로운 정신을 구속했던 교회로부터 벗어나서 인간 중심의 사고를 회복하게 되었다. 중세에서 인간은 역사를 이끌어 가는 신의 섭리 속에 놓여 있을 뿐이었다. 신의 계시만이 진리를 판정하는 기준이었다. 그러나 이성의 시대에서는 인문주의자들의 합리적인 사고방식이 확대됨에 따라 인간 이성이 진리를 인식하고 판단할 수 있다고 생각하게 되었다. 르네상스가 근대의 시작이라는 말은 근대적 사유의 중심이 인간에 있다는 것을 뜻한다. 르네상스 시대의 인문주의자들은 교회의 권위로부터 벗어나서 사상의 자유를 확보하고, 인간과 이성을 중시하였다. 그리고 인문주의(Humanism)는 새로운 시대의 새

---

2) 북유럽에서는 16세기에 르네상스가 본격화되었다. 이때에는 고전보다는 사회현실에 관심이 높았다.

로운 사조가 되었다.

　그러나 근대인들의 삶과 사유방식에 가장 큰 변화를 가져
온 것은 무엇보다도 16-17세기에 급속도로 발전한 과학이었다.
예를 들어 화약의 발명은 기사 계급을 몰락시킴으로써 사회구
조의 변혁과 더불어 봉건제도를 몰락시키는 요인으로 볼 수 있
다. 나침반은 대양의 항해를 가능하게 함으로써 지구가 둥글다
는 것을 알게 해주었고, 망원경의 발명은 태양중심설을 알게
해주었다. 그리고 인쇄술은 이 새로운 사상을 전파하는 획기적
인 방법이 되었다. 이러한 과학 혁명3)은 천문학과 역학에 의해
주도되었고, 중세의 목적론적 자연관을 기계론적 자연관으로
바꾸어 놓았다.

2. 목적론적 자연관과 기계론적 자연관

　중세의 세계관은 아리스토텔레스와 프톨레마이오스의 이론
을 기독교의 교리가 합치될 수 있도록 수정했다. 세계의 중심
에는 지구가 있고, 그 다음 안쪽에서부터 달, 수성, 금성, 태양,
화성, 목성, 토성이 있다. 그리고 이 8개의 행성을 둘러싸고 있

---

3) 과학 혁명은 'Scientific Revolution'이다. 그렇다면 근대는 2R이 아닌 3R로
　시작한다고 볼 수도 있을 것이다. 'Re-'라는 접두사는 '새롭게 다시 거듭나
　는'이라는 의미를 함축하고 있다. 따라서 새로운 시대인 근대는 'Re-'로 시
　작되는 용어들과 관계될 수밖에 없을 것이다.

는 원동천(原動天) 즉 제1동자(第一動者)가 있다. 이 원동천은 모든 행성들의 1일 1회의 회전, 즉 일주회전(日周回轉)을 관장한다. 그리고 그 바깥에 이 전부를 둘러싸고 있는 열 번째의 하늘인 최고천(最高天) 즉 하나님의 나라가 있다. 최고천과 지구는 정지해 있고, 그 외의 행성들은 하루에 한 번 회전한다. 지구는 땅 위에 있는 지상계이고, 지구 바로 다음에 있는 달의 바깥쪽(上)이 천상계이다. 중세의 세계는 이렇게 천상계와 지상계로 나누었고 이 두 세계는 성질이 전혀 다른 세계이다. 그리고 지구의 중심부에 지옥이 있고, 거기에 악마가 살고 있다. 지상계에 살고 있는 인간은 흙으로 빚어진 다음 하나님의 입김이 불어넣어진 존재이다. 이렇게 인간은 땅의 성질과 하늘의 성질을 두루 갖춘 유일한 존재이다. 이 두 가지 성질로 인해 인간은 지구의 중심, 즉 지옥을 향해 떨어지려고 하면서도 천상계, 즉 하나님의 나라를 갈구한다. 이 멸망과 구원의 갈림길은 신의 섭리에 의해 결정된다. 이렇게 중세의 우주관에는 인간의 운명과 희망이 반영되어 있다.[4] 그러나 코페르니쿠스, 케플러, 갈릴레오 등의 연구는 중세의 세계관을 바꾸어 버렸고, 우주의 운행은 통일적인 법칙을 따르고 있다는 것을 입증하였

---

4) 중세의 세계관에 대해서는 다음의 책을 참조하였다. 와다나베 마사오, 『과학자와 기독교』 오진곤, 손영수 역 (서울 : 전파과학사, 1995), 30-35쪽.

다. 예를 들어 중세에는 4계절의 변화를 신의 섭리로 이해했지만, 근대 과학은 이를 지구의 공전과 자전으로 설명하고 있다.

이렇게 자연의 모든 것을 신의 섭리로 이해하는 중세의 자연관은 목적론적 자연관으로 나타난다. 자연에 존재하는 모든 사물은 목적이나 의미를 각각 가지고 있다는 것이다. 목적론적 세계관에서는 꽃은 아름답게 피기 **위해** 존재하며, 또한 사람은 선하게 살기 **위해** 존재한다. 무거운 철구가 위에서 아래로 떨어질 때에도 목적을 가지고 있다. 그것은 보다 안정되기 **위해** 떨어진다는 목적이다. 더구나 이 목적론적 자연관에서는 철구가 땅에 떨어지는 과정에 신의 의지와 기적이 끼여들 여지가 있다. 이렇게 중세에는 자연의 모든 대상이 신의 섭리에 의해 자신이 가지고 있는 목적을 성취하는 방향으로 나아간다고 생각하였다. 그러나 이성에 의해 진리를 인식할 수 있다고 생각하는 근대 철학자들에게 그러한 설명은 더 이상 설득력이 없게 되었고, 형이상학적 사변에 불과한 것으로 간주되었다. 그들은 인간 이성과 모순되는 모든 내용들을 제거하면서 자연에 대해 탐구하였다. 그래서 근대 과학은 자연의 모든 사물들에서 목적이나 의미 등과 같은 정신적인 요소들을 제거했다. 이제 자연은 더 이상 살아 있는 유기체적 자연이 아니라 하나의 거대한 기계가 되었다. 물리적 법칙에 따라 작동되는 기계처럼 자연은 인과적으로만 질서 지워지고 연결되어 있다. 목적론적 자연관에서 기계론적 자연관으로 변화된 것이다.

이러한 변화는 신의 존재를 가정하지 않고도 자연의 모든 현상과 존재를 설명할 수 있게 해주었다. 기계론적 자연관에서는 자연을 신비화하지 않고 목적이나 의미를 제거했기 때문에 자연을 어떤 질적인 관점이 아닌 양적인 관점에서만 바라볼 수 있게 되었다. 자연을 수로 나타낼 수 있기 때문에 수학적인 논리와 측량의 방법으로 자연을 탐구할 수 있게 되었다. 다시 말해 자연전체를 하나의 독자적인 물질로 간주하고, 물리적인 법칙들을 수학으로 설명하게 된 것이다. 우리는 근대라는 시대가 그 이전의 시대보다 더 발전한 시대이기 때문에 복잡한 시대라고 생각하기 쉽지만, 사실은 그 반대이다. 근대 과학은 세계를 보다 단순한 하나의 원리로 설명하려고 노력했다. 그것은 자연을 양화시켜서 수로 나타낼 수 있기 때문에 가능했다. 이렇게 근대는 이성의 주체를 인간으로 파악함으로써 신의 섭리가 아닌 과학법칙으로 자연을 설명할 수 있게 되었다. 근대의 세계관은 모든 존재가 목적에 의해 움직이는 것이 아니라 자연의 법칙에 의해서 움직인다는 기계론적 세계관이다.

3. 데까르뜨와 스피노자

이처럼 이성의 시대에는 근대 자연 과학의 발전으로 자연에 목적이나 의미가 존재한다는 목적론적 자연관은 폐기되었다. 이 때 자연은 정신이 제거된 물질적인 대상으로 남게 된다. 그리고 이 물질적인 자연의 모든 현상들은 법칙에 의해 인과적으로 상호 연결되어 있을 뿐이라는 기계론적 자연관이 확립되었다. 따라서 인간은 이성에 의한 과학적 탐구로 자연 현상들에 대한 법칙들을 발견하는 것이 가능하게 되었다. 이제 근대 철학은 이러한 과학적 사유의 형이상학적 토대를 세우기 위해 실체 개념을 새롭게 정립할 필요가 있었다.

실체 개념을 새롭게 정립한 철학자는 다름 아닌 데까르뜨였다. 그는 신이라는 무한 실체와 정신과 물체라는 두 개의 유한 실체를 내세웠다. 이러한 실체의 구분은 자연이라는 거대한 기계의 법칙들을 발견하기 위해 의도된 것으로 보인다. 그의 신관은 이신론(理神論)적 신관이다. 다시 말해 신이 이 세계를 무로부터 창조해서 법칙을 부여한 다음, 이 세계로부터 초월해 있다는 것이다. 따라서 이 세계는 법칙에 의해서만 인과적으로 움직인다. 데까르뜨의 이러한 신관은 신을 자연과 분리된 실체로 인정하게 만들었다. 그 결과 그에게는 신이라는 무한 실체와 이 세계와 관련된 두 개의 유한 실체들로 분류되었다. 이러한 신관과 실체관은 종교를 인정하면서도 과학을 종교로부터 분리하여 자연에 대한 과학적 탐구를 자유롭게 해줄 수 있는 장점이 있었다. 그러나 신을 세계로부터 분리하는 것만으로 모든 문제가 해결되지 않았다. 그는 신과 분리된 세계를 다시 둘로 나누어야 했다. 왜냐하면 목적이 없는 자연이라는 기계에 정신을 포함시킬 수 없었기 때문이다. 이제 세계는 정신의 세계와 물질의 세계로 분리된다. 신의 세계로부터 분리되고 또한 정신의 세계로부터 분리된 물질의 세계에서는 모든 대상을 수로 나타내는 데 아무런 문제가 없었다.[5] 마음껏 자연 법칙들을 탐구할 수 있는 과학의 세계가 만들어진 것이다. 이제 실체 개념은 신이라는 실체 이외에 정신과 물체라는 두 개의 실체를 필요로 하게 되었다.

물질적 세계는 이성에 의한 과학적 탐구가 가능한 합리적 세계이지만, 다른 두 세계는 합리적으로 설명하기 힘든 세계이

---

5) 이것은 물체의 성질을 제1 성질과 제2 성질로 구분함으로써 더욱 가능하게 되었다. 갈릴레오가 물체를 제1 성질과 제2 성질로 구분했기에 자연의 모든 대상들을 수로 나타낼 수 있게 되었다. (역사적으로 제1 성질과 제2 성질을 구분한 최초의 철학자는 고대 희랍의 원자론자 데모크리토스이다.) 제1 성질은 사물에 속해 있으면서 인간의 감각기관의 인식과는 독립적으로 존재하는 객관적 성질이다. 반면 제2 성질은 전적으로 인간의 감각 기관을 떠나서는 존재할 수 없는 주관적인 성질이다. 제1 성질은 물체가 어떤 상태에 있든지 물체 자체와 분리할 수 없는 물체의 근본적인 성질이다. 제1 성질에는 연장, 크기, 모양, 운동과 정지 등이 있다. 이에 반해 제2 성질은 제1 성질을 매개로 우리 안에 다양한 종류의 감각을 산출하는 성질이다. 제2 성질에는 맛, 소리, 냄새, 색 등이 있다. 제1 성질은 수로 나타낼 수 있는 물체의 객관적인 성질이고, 제2 성질은 인간의 감각 기관과 관련된 주관적인 성질이기 때문에 수로 나타낼 수 없는 성질이다. 우리는 제2 성질을 물체의 성질로부터 분리함으로써 수학을 통해 자연의 물리적 법칙을 마음껏 발견할 수 있게 된 것이다.

다. 사실상 세 개의 세계가 실재한다는 관점은 합리적 세계관이 될 수 없다. 합리적 세계관에 따르면 이 세계는 존재하는 모든 것들이 하나의 법칙에 의해 인과적으로 연결되어 있다. 이러한 세계 이외의 다른 세계의 실재를 인정한다는 것은 합리적 사고 방식이 아니다. 데까르뜨는 신이 창조한 세계를 양분해서 정신 세계와 분리된 물질 세계를 설명했다. 그 덕분에 우리는 자연을 과학적으로 탐구할 수 있게 되었다. 하지만 데까르뜨는 각각 다른 세 세계(신의 세계, 정신 세계, 물질 세계)의 관계를 합리적으로 설명하지 못함으로써 존재론적인 문제뿐만 아니라 인식론적 문제와 심신론적 문제 등을 야기했다. 데까르뜨가 해결하지 못한 대부분의 문제는 세계를 신으로부터 분리했을 뿐 아니라 다시 세계를 정신과 물체로 분리했기 때문에 발생한 것이다.

스피노자의 과제는 이러한 데까르뜨의 문제들을 해결하는 것이었다. 그 문제들을 근본적으로 해결할 수 있는 방법에는 하나의 세계, 즉 하나의 실체만을 인정하는 방법이 있다. 관념론, 유물론, 무신론 등은 그러한 방법들이다. 특히 현대 철학에서는 주로 유물론적인 방법으로 데까르뜨의 문제들을 해결하려고 한다. 이것은 신과 정신을 부정함으로써 세계를 물질로 단순화하는 방법이다. 그러나 스피노자는 다른 것을 부정함으로써 하나의 세계를 만드는 방법은 임시방편일 뿐 진정한 해결

책이 될 수 없다고 생각하였다. 그는 정신과 물질, 그리고 신마저도 포함된 하나의 세계를 제시함으로써 데까르뜨의 잘못된 세계관에서 발생하는 문제들을 해결하고자 하였다. 따라서 그에게는 하나의 실체, 즉 신만 있고, 이 신이 곧 자연이다. 이러한 모든 것을 하나의 세계로 단순화하는 것이 어떻게 가능한지 그의 실체 개념을 시작으로 탐구해보자.

II. 실체 즉 신

1. 실체의 정의

스피노자는 『윤리학』 1부 정의 3에서 다음과 같이 실체를 정의하고 있다 : "실체란 그 자체로 존재하며, 자기 자신에 의해서 이해되는 것을 말한다. 다시 말하면 자신의 개념을 형성하기 위하여 어떤 개념도 필요로 하지 않는 것이다"(『윤리학』 1부 정의 3). 베넷은 실체에 대한 스피노자의 정의가 실체의 전통 철학적인 의미인 '논리적 독립성(logical independence)'을 포함하고 있을 뿐만 아니라 '인과적 자족성(causal self-sufficiency)'의 의미도 포함하고 있다고 주장한다.[6] 위의 정의에서

---

6) J. Bennett, *A Study of Spinoza's Ethics* (Cambridge : Cambridge University

"자기 자신에 의해서 이해되는 것"이라는 구절은 "그 개념이 그 이외의 어떤 개념으로부터도 형성되어진 것이 결코 아닌 것"으로 이해된다.[7] 베넷은 '그 자체로 존재한다'는 실체의 전통적 정의를 스피노자가 더 엄격하게 적용하고, 나아가 '자기 자신에 의해서'라는 인과적 자족성이 스피노자의 정의에 포함되어 있다고 주장한다. 실체 개념을 정의할 때, '인과성 자족성'의 의미가 포함되기 시작한 것은 데까르뜨부터이다.[8] 데까르뜨는 실체를 "존재하기 위해서 다른 어떤 것도 필요로 하지 않고 존재하는 것"[9]이라고 정의하고 있다. 그러므로 실체란 인과적으로 자존적인 어떤 것이다. 이에 따르면 신만이 실체가 된다. 그러나 데까르뜨는 그 정의를 실제로 적용할 때, 의미를 약화시킴으로써 자신의 정의에 충실하게 따르지 않았다. 그래서 그는 실체란 "존재하기 위해서 신의 도움만을 필요로 하는 것들"[10]이라고 정의한다. 이는 실체의 개념을 창조된 피조물에까지 확대시킨 것이다. 데까르뜨와는 달리 스피노자는 이 정의를

Press, 1984), 55-60쪽.

7) 같은 쪽.

8) 같은 쪽.

9) Descartes, *Principia Philosophiae* I.LI. in *The Philosophical Works of Descartes*, tr. by E. S. Haldane and G. R. T. Ross (Cambridge University Press, 1911).

10) 같은 책, I.LII.

보다 엄격하게 적용함으로써 신만이 실체라고 주장한다. 스피노자에 따르면 신 이외의 어떠한 실체도 존재할 수 없으며, 생각할 수 없다(『윤리학』 1부 정리 14). 따라서 스피노자에게 실체는 유일하며, 이 유일한 실체가 곧 신이다. 그는 『윤리학』 1부에서 신에 관하여 고찰하면서, 그의 유일 실체관을 다음과 같이 전개시키고 있다.

(1) 자연 안에는 동일한 본성, 또는 속성을 가지는 두 개 이상의 실체는 존재할 수 없다. (『윤리학』 1부 정리 5)

(2) 신은 절대적으로 무한한 존재이며, 즉 각각의 속성들이 실체의 영원하고 무한한 본질들을 표현하는 무한한 속성으로 이루어진 실체이다. (『윤리학』 1부 정리 6)

그는 위의 두 가지 전제로부터 실체 일원론을 다음과 같이 증명하고 있다.

(3) 만약 신 이외의 다른 실체가 존재한다면, 그 실체는 신이 가지고 있는 속성들 중의 어떤 속성들을 소유할 것이다. 왜냐하면 위에서 보듯이 신은 무한한 속성을 가지고 있기 때문이다.

(4) 그렇다면 같은 속성을 가진 두 개의 실체가 존재하게 된다.

(5) 그러나 이것은 동일한 속성을 가지는 두 개 이상의 실체는 존

재할 수 없다는 정리 5 (위의 1번)에 의하여 부당하다.

(6) 따라서 신 이외에는 다른 어떤 실체도 존재할 수 없고 인식될
수 없다.

위 논증에서 '무한한'이라는 용어에 주의해야 한다. '무한하
다'라는 용어는 '완전하다'라는 의미로 이해되기도 하지만, 스
피노자가 '무한한 속성들로 이루어진 실체'에서 '무한한'이라
는 용어는 '무한하게 많은' 또는 '모든 가능한'이라는 의미로
이해하여야 한다. 그렇지 않으면, 스피노자의 논증은 이해될
수 없을 것이다. 어떤 것이 자신의 본질로 무한성(완전성)을 가
지고 있다면, 그것은 곧 무한하게 많은 수의 속성들을 가진다
는 것이 스피노자의 견해였을 것이다.

이와 같은 방식에서 스피노자는 자연 안에는 오직 하나의
실체, 즉 신만이 존재한다는 실체 일원론을 주장한다. 그의 실
체 개념을 데까르뜨의 실체 개념과 비교하면 조금 더 구체적으
로 설명할 수 있을 것이다. 데까르뜨는 실체를 무한 실체와 유
한 실체로 구분한다. 앞에서 잠깐 언급했듯이, 무한 실체는 신
이고, 유한 실체는 비록 신에게는 의존하고 있더라도, 세계 안
에 있는 어떤 것에도 의존하지 않고 스스로 독립해서 존재하는
것이다. 이 유한 실체는 사유하는 실체인 '정신'과 연장된 실체
인 '물체'로 구분된다. 이러한 구분은 자연을 물질적 자연으로

만듦으로써 자연의 여러 법칙을 발견하는 것이 용이하게 되었다. 그리고 이것은 근대 과학이 발전하게 되는 토대가 된다.

그러나 데까르뜨는 자연에서 정신을 떼어내어 사유하는 실체를 만듦으로써 다음과 같은 난관에 봉착하게 된다. 그는 자연에서 분리한 정신을 (자연의 일부인) 인간에게 귀속시켰다. 그래서 인간은 사유하는 실체(정신)인 동시에 연장된 실체(신체)가 되었다. 하나의 개별체인 인간이 동시에 두 개의 실체가 된다는 것은 납득할 수 없는 주장이다. 그래서 데까르뜨는 송과선이라는 가설을 내세워 두 실체, 즉 정신과 신체의 관계를 설명했다. 그는 뇌의 뒷부분에 있는 송과선을 통해 정신이 자신의 의지를 신체에 전달하고, 또한 신체가 자신의 활동을 정신에 전달한다는 가설을 만들었다. 그러나 이러한 가설은 사람들을 전혀 만족시킬 수 없었고, 정신과 신체의 관계는 하나의 문제점으로 남게 되었다.

스피노자의 과제는 데까르뜨의 이러한 문제점을 극복하는 것이었는데, 그의 해결 방법은 의외로 간단하다. 정신을 다시 자연으로 귀속시켜 데까르뜨의 물질적 자연을 정신과 물질을 포함하는 자연으로 만드는 것이었다. 데까르뜨가 정신을 자연에서 떼어내어 인간에게만 포함시킨 이유는 인간 정신이 지닌 자유 의지가 기계론적 자연관과 모순되기 때문이었다. 5장에서 구체적으로 살펴보겠지만 스피노자는 자유 의지를 인간 정신의 상상이나 착각으로 간주하면서 부정하였기 때문에 기계적인 자연에 정신을 포함시키는 데 전혀 문제가 없었다. 그 결과 정신과 물체로 분리되지 않은 하나의 실체를 주장할 수 있었다. 그리고 그의 자연관과 범신론에 의해 그 하나의 실체는 다름 아닌 신이 된다. 즉 스피노자에게 실체는 신과 동일시되며, 이 실체 즉 신은 유일성을 지니고 있다. 데까르뜨에게는 신이라는 무한 실체와 정신과 물체라는 유한 실체가 있다. 이 여러 실체들이 스피노자에서는 하나의 실체로 단순화된 것이다. 이처럼 스피노자의 실체 개념은 신의 문제와 정신의 문제 등을 기계론적 세계관에 잘 융해시키고 있다.

2. 우주의 내적 체계 : 실체-속성-양태

스피노자는 『윤리학』 2부를 "사유는 신[실체]의 속성이거나 신은 사유하는 것이다"(『윤리학』 2부 정리 1)라는 명제로 시작한다. 사유를 가지고 신을 개념화하는 작업은 철학사에서 계속되었다. 사유는 아리스토텔레스의 부동의 원동자가 지니는 주요 특성이며, 데까르뜨에 이르기까지 신은 사유하는 비물질적인 것으로 간주되었다.[11] 전통적인 신의 개념은 어떤 물질성도

---

11) H. A. Wolfson, *The Philosophy of Spinoza* (New York: Schocken

포함하고 있지 않았을 뿐 아니라 연장도 없는 오직 사유하는 존재였다.[12] 그러나 스피노자는 정리 2에서 "연장은 신[실체]의 속성이거나, 신은 연장하는 것이다"(『윤리학』 2부 정리 2)라고 진술한다. 이렇게 스피노자에게 실체, 즉 신은 사유의 속성뿐만 아니라 연장의 속성도 가지고 있다. 사실상 실체, 즉 신에게는 무한히 많은 속성이 있으나, 그 중에서 우리 인간이 인식할 수 있는 속성은 '사유'와 '연장'뿐이다. 그러므로 신은 '사유하는 것'으로서, 그리고 '연장된 것'으로서 우리에게 나타난다. 이처럼 스피노자는 무한히 많은 속성들 가운데 구체적으로 우리에게 드러나는 사유와 연장의 속성만 가지고서 전체와 부분(자연과 인간)의 관계를 설명하면서 자신의 체계를 형성한다. 데까르뜨에게 사유와 연장은 각각 유한 실체인 정신과 물체의 속성이다. 따라서 정신은 사유하는 실체이고, 물체는 연장된 실체이다. 스피노자는 데까르뜨의 사유와 연장이라는 두 가지 성질을 계승한다. 그러나 그는 데까르뜨의 이원론적 견해에 반대하면서 사유와 연장을 동일한 실체의 두 속성으로 보고 있다. 즉 데까르뜨에게서 유한 실체였던 정신과 물체는 스피노자에게서는 그 실체성을 상실한 채, 실체의 양태에 불과하게

Books, 1969), 2권, 8쪽.
12) 같은 책, 1권, 9-10쪽.

되었다. 이처럼 데까르뜨는 정신과 물체를 구별하여 이원론적 세계관을 수립하였다. 이에 반해서 스피노자는 사유와 연장이 독립된 속성이지만, 다른 무한한 속성과 함께 실체 안에 있다는 일원론적 통일을 주장했다.

스피노자에게서 '속성'은 실체와 양태를 연결하는 개념이다. 양태란 실체가 변한 모습이다. 다시 말해 양태란 실체가 속성들을 통해서 여러 가지 형태로 나타난다. 따라서 양태는 실체 안에 존재하며, 실체에 의해 이해되어질 뿐이다. 실체가 그 자신만으로 존재하고 다른 것을 필요로 하지 않는 반면에, 양태란 다른 존재 즉 실체가 있음으로써 존재가 가능한 것이다. 이처럼 양태는 실체를 떠나서는 존재할 수도 없고, 이해될 수도 없다. 또한 양태는 실체 안에 포함되지만 단순히 실체의 일부분으로 존재하는 것이 아니라 변화된 상태로 존재한다. 세계를 구성하고 있는 모든 개물(個物)은 바로 실체의 양태들이다. 양태가 실체로부터 변화하는 것은 필연적이고, 양태는 무한한 방식으로 무한히 많이 산출된다. 인간도 실체가 아니라 이러한 양태이다. 스피노자는 인간이 자연에서 유일한 공간을 소유하고 있는 것이 아니라, 자연의 일부분으로 존재할 뿐이라고 보았다.

또한 그는 양태를 무한 양태와 유한 양태로 분류하여 설명하고 있다. 다시 무한 양태는 직접적 무한 양태와 간접적 무한 양태로 구분된다. 직접적 무한 양태는 실체의 절대적 본성에 의해서 생겨나는 양태로서 사유의 속성에 따르는 지성(신의 절대 무한 지성)과 연장의 속성에 따르는 운동과 정지가 있다. 간접적 무한 양태란 유한한 개물의 전체를 의미하는 것으로서 전 우주의 얼굴이다. 그리고 유한 양태는 특수한 각각의 개별적인 사물들이다. 이렇게 절대적으로 무한한 신으로부터—신의 사유와 연장이라는 속성으로부터—직접적 무한 양태가 따라나오고, 직접적 무한 양태로부터 간접적 무한 양태가 따라나온다. 그리고 이 간접적 무한 양태로부터 유한 양태가 따라 나온다. 그러므로 스피노자에게 존재하는 것은 엄격히 실체(신, 자연)와 신적 본성의 필연성(자연의 법칙)으로부터 도출되는 양태뿐이다. 이러한 우주의 체계에 대한 스피노자의 설명에 따르면 자연은 하나의 법칙에 의해 체계 지워져 있다. 이러한 스피노자의 자연관은 자연을 초월한 어떠한 실재도 인정하지 않는 합리적 자연관이다.

III. 합리적 자연관[13)

1. 우주적 통일성

스피노자의 세계관은 이성에 대한 신뢰를 바탕으로 하는 합리적 세계관이다. 이러한 세계관의 특징은 코페르니쿠스, 갈릴레오, 케플러, 보일, 데까르뜨 등이 저술한 과학 저작들에서 찾을 수 있다. 이 저작들에서 그들은 이성의 역할을 명시하면서 자연의 모든 현상들이 법칙을 발견했고, 이를 명백하게 만들려고 시도했다. 이러한 합리적 사고는 스피노자에게서 더욱 철저해진다. 모든 것은 법칙과 질서에 따라 존재하고 발생할 뿐, 단지 우연이나 변화에 따르지 않는다. 스피노자는 존재하는 모든 것들을 유기적 우주 안에서 하나로 연결하고자 노력하였다. 그에게 우주 전체는 합리적으로 질서 지워지고, 인과적으로 상호 연결된 하나의 존재이다. 그리고 그것 이외는 아무 것도 존재하지 않는다. 이렇게 스피노자는 우주를 통일된 하나의 단일체, 즉 하나의 실체로 인정하고 있다. 이는 그의 철학에서 가장 기본적이고 중요한 개념이다. 그리고 이 개념은 어떤 사물이나

---

13) 이 부분은 다음의 논문에서 발췌한 것이다. 필자의 관점과 다른 몇몇 부분은 수정 보완하였다. A. Wolf, "Spinoza", *Journal of Philosophical Studies*, vol. 2 no. 5 (1927), 11-14쪽.

사건에 대해 그 원인을 철저하게 끝까지 이해하려고 노력함으로써 더 분명하게 이해될 수 있다. 예를 들어 설명해 보자.

내 앞에 석탄 보일러에 의해 작동되는 라디에이터가 있다. 그리고 유별나게 꼬치꼬치 캐묻는 초등학생 어린이가 그 라디에이터에 대해 집요하게 질문을 한다고 가정하자. 나는 우선 먼 위치에 있는 보일러가 파이프로 연결되어 있다는 것을 말해주어야 한다. 또한 그 어린이의 집요한 질문은 물의 증발에 관계된 법칙뿐만 아니라, 증기의 순환, 열의 방사, 수증기의 압축 등에 관계된 법칙들까지도 설명하게 만든다. 그런 다음, 그 어린이가 저장소에 있는 보일러의 화덕을 본다면, 그것의 구조와 사용되는 연료 등에 대해서 질문할 것이다. 예를 들어 그 어린이가 연료를 어떻게 획득하는지에 대해 알고 싶어한다면, 나는 우선 학교의 재정적인 시스템을 설명해야 한다. 그리고 석탄상인들의 판매방법, 석탄 파업이 석탄가격에 미치는 영향, 그리고 탄광에서 도시까지의 운송 조직 등에 대해서도 설명해야 할 것이다. 그 초등학생은 여기서 그치지 않고, 석탄의 성질에 대해 호기심을 가질 것이다. 나는 먼저 나무들과 식물들이 태양의 방사로부터 어떻게 에너지를 흡수하고 저장하는지를 설명해야 한다. 그 다음 그 나무들이 어떻게 땅 속에 묻히는지, 그래서 어떻게 화석화되는 과정을 거쳐서 석탄이 되는지 등에 대해서 자세하게 설명해주어야 한다. 그럼 이제 그 초등학생 어

린이는 나무와 식물에 에너지를 공급해주는 태양에 대해 알고
싶어할 것이다. 태양이 어떻게 열을 방사하게 되는지, 그리고
어느 정도의 가까운 위치에서 지구를 따뜻하게 하는지 등에 대
해 알고 싶어할 것이다. 나는 결국 별들의 형성, 무거운 원자들
의 폭발로 인한 에너지의 방출, 어떤 법칙들에 따른 태양 에너
지의 방사, 중력 법칙에 따른 별들간의 상호관계 등에 대해서
설명해주어야 한다. 그리고 심지어 태양 복사만으로는 지구에
존재하는 생명들이 유지되기에 불충분할 수도 있기 때문에 에
너지의 적지 않은 부분이 다른 별들로부터 방사된다는 사실을
알려주어야 한다. 그리고 그 중에 어떤 별들은 너무 멀어서 우
리에게 다다르는 데 거의 백만 년이 걸린다는 사실까지도 설명
해야 할지 모른다.

　위의 내용들은 빙산의 일각에 불과하다. 예를 들어 보일러,
화덕, 저장소, 채굴기계 등의 발명과 건축에 관계된 정신적인
요소들에 대해서는 어떤 설명도 하지 않았다. 이렇게 작은 라
디에이터와 같이 하찮은 것조차도 우리가 진정으로 그것을 완
벽하게 이해하려고 시도하는 순간, 그것의 인과 관계는 모든
방향으로 확산되고 연결되어 있다. 그것에 관한 질문이 멈추어
질 수 있는 곳은 어디에도 없으며, 질문들은 무한정으로 계속
될 수밖에 없을 것이다. 이렇게 단순한 하나의 사물조차도 그
것과 관계된 원인들은 멀리, 그리고 넓게 확산되면서 체계적으

로 잘 조직된 인과적 연쇄를 이루고 있다.

2. 체계적으로 통합된 전체로서의 자연

위에서 보았듯이 어떤 대상, 사건, 경험이 고려되든지 그것들은 다른 사물, 사건, 경험들에 의존해 있고, 그것들은 또 다른 무수한 사물, 사건, 경험에 의존해 있다는 것을 발견할 수 있다. 이러한 계속되는 의존관계는 다른 어떤 것에도 의존하지 않는 절대적으로 독립적인 존재에 이를 때까지 무한히 계속될 것이다. 따라서 인과적 연쇄가 무한히 계속되지 않기 위해서 독립적인 존재, 다시 말해 자기 의존적인 존재가 있어야 한다는 것을 동의할 수 있게 된다. 그런데 새로운 문제가 제기될 수 있다. 즉 "자기 의존적인 존재는 무엇인가?", 또한 "이 존재는 자기에게 의존하고 있는 대상, 사건, 경험들의 세계와 어떤 관계에 있는가?"라는 문제가 제기된다. 일반적으로 자기 의존적인 존재인 절대자가 무로부터 세계를 창조하고, 그 세계가 스스로 유지되도록 법칙을 부여하고, 세계로부터는 이탈해 있다고 대답할 수 있다. 또한 절대자는 자신이 창조한 세계에 때때로 기적적인 방법으로 개입하는 전능하고, 초월적인 창조자이다. 이러한 이신론(理神論)적 생각은 스피노자 당시에 거의 일반적이었다. 데까르뜨 역시 이신론자로서 초월적 절대자의 무로부터의 창조를 인정하였다.

그러나 외부적 창조자와 무로부터의 창조에 대한 주장들은 스피노자를 만족시키지 못했다. 이것은 그의 철저한 합리적 세계관과 상충된다. 그에게 세계는 합리적으로 질서 잡혀져 있고, 인간의 이성으로 이해 가능한 세계이다. 따라서 이 세계를 초월해 있는 다른 존재나 세계를 인정하는 것이나 그 초월적 존재가 이 세계를 창조했다고 생각하는 것 등은 모두 인간의 상상력에 불과하다. 또한 무로부터의 창조와 같은 최대의 기적을 인정하는 것은 이 세계를 제대로 이해하는 데 방해가 될 뿐만 아니라, 세계에 관한 설명을 더 어렵게 만든다. 무로부터의 창조를 합리적으로 설명하는 것은 거의 불가능하기 때문이다. 따라서 스피노자의 합리적 세계관에서 '초월적 창조자'와 '무로부터의 창조' 개념을 찾아볼 수 없는 것은 당연하다.

그에 따르면 이 세계에 존재하는 모든 것들이 궁극적으로 의존할 수 있는 절대적 존재, 즉 자기 의존적인 존재가 있어야 한다. 그러나 우주를 초월한 곳에서 절대적 존재를 찾는 신비적 방법은 문제 해결에 도움이 안 된다. 그래서 스피노자는 각각의 사물, 사건, 경험 등의 절대적인 토대를 우주 안에서 찾으려고 시도했고, 그 토대는 다름 아닌 각각의 사물, 사건, 경험 등의 모든 체계적인 통일이다. 그래서 스피노자는 '이 세계 내에 존재하는 모든 것들이 체계적으로 통합된 전체'를 자기 의존적 존재로 간주한다. 이 '체계적으로 통합된 전체'로서의 존재는 다른 어떤 것에도 의존할 필요가 없는 자기 의존적인 존재이고, 세계의 모든 사물, 사건, 경험들은 이 존재에 의존하고 있다.[14] 그리고 이 상호 연결된 시스템으로 이해되는 존재는 자연이라고 불린다. 스피노자는 무로부터의 창조를 부정하고, 초자연적인 요소들을 제거함으로써 자연 이외의 어떤 실재성도 인정하지 않았다. 자연은 자존적이고, 스스로 유지되고, 완전히 실재하는 모든 것이다. 그리고 그 모든 것은 하나로 통합되어 있는 단일한 자연이다. 이렇게 자연을 단순화하는 세계관과 자연 이외의 어떤 실재도 인정하지 않는 세계관은 인간 이성에 의한 과학적 탐구만으로 세계에 대한 설명이 가능하다는 길을 열어놓고 있다.

---

14) 이러한 관점은 무로부터의 창조의 문제를 피할 수 있게 한다. 이 세계 즉 자연은 무로부터 창조된 것이 아니라 자기 자신을 스스로 생성하고 소멸하는 것이다. 그래서 스피노자에게는 세계 스스로의 변화 생성이 곧 창조가 된다.

IV. 신 즉 자연

1. 범신론적 신관

스피노자는 우주를 초월한 어떤 존재도 인정하지 않았지만, 그 대신 존재하는 것이라고 불리는 것은 무엇이든지 우주 체계에 포함시키려고 시도하였다. 그래서 그는 물질을 부정하는 관념론, 정신을 부정하는 유물론, 또한 신의 실재성을 부인하는 무신론 등의 허울만 좋은 단순성을 거부하였다. 스피노자에게 정신, 물질, 또한 신마저도 우주 체계에서 자신들의 자리를 가진다. 범신론적 해석자들에 의하면 스피노자에게 신의 자리는 바로 자연의 전 체계이다. 왜냐하면 신은 완전한 자존적인 존재로서 이해되는데, 그의 합리적 세계관에서는 우주 체계, 즉 자연이 그러한 존재이기 때문이다. 따라서 '하나이면서 모든 것'이 신이고, 신은 '모든 것인 하나'가 된다.[15] 이렇게 스피노자가 신과 자연과 동일시하기 때문에 많은 학자들은 그의 학설을 범신론(pantheism)이라고 규정한다. 일반적으로 범신론은 신과 세계를 동일시하기 때문에 결국 무신론으로 나아가게 된다.[16]

---

15) Wolf, 앞의 논문, 15쪽.

스피노자의 범신론을 정확하게 이해하기 위해서 우리는 능산적 자연(natura naturans)과 소산적 자연(natura naturata)에 관한 논의를 살펴볼 필요가 있다. 중세 스콜라철학에서 능산적 자연은 창조자로서의 신을 의미했고, 소산적 자연은 창조되는 자로서의 자연을 의미했다. 그런데 많은 사람들이 스피노자가 이 두 개념을 창조주와 피조물의 관계로 이해하지 않고, 더 밀접하게 연관시켜서 범신론적 의미를 부여한다고 주장한다. 다시 말해 창조자로서의 자연과 피창조자로서의 자연을 동일시해서 범신론적 사상을 제시했다는 것이다. 범신론적 해석의 기본적인 주장은 다음과 같다. 스피노자는 창조자와 피조물로 나누어 세계를 설명하고자 하는 전통 철학적 입장에 따라 자연을 능산적 자연과 소산적 자연으로 구분을 하고 있다. 그러나 그의 구분은 두 자연을 인정한 것이 아니라 하나의 자연을 보는 두 시각을 제시한 것으로 이해해야 한다. 이 경우 스피노자의 능산적 자연과 소산적 자연의 구분은 창조와 피조물의 관계가 아니라, 오히려 '자연전체'와 '그 전체를 구성하는 것들'의 관

---

16) 범신론은 "기독교가 확립해 놓은 신과 세계의 본질적 차이에 대해 이론(異論)을 제기하고 신과 세계는 이러저러한 방식으로 일치한다고 주장하는 세계관에 대한 명칭"이다. 그리고 "모든 범신론은 어떠한 방식으로든 세계의 통일성을 현실의 근본적인 규정으로 보고 현실의 잡다함을 모두 여기로 환원시킨다." — 한국철학사상연구회 편 『철학대사전』(서울 : 동녘, 1989), 489쪽. 이처럼 범신론에서는 신이 세계 전체를 나타내기 때문에 인격신(의 인화된 유신론)과 무로부터의 창조는 부정된다.

계로 이해해야 한다는 것이다. 이러한 견해가 옳다면, 스피노자
에게 신과 자연, 능산적 자연과 소산적 자연은 원칙적으로 분
리해서 생각할 수 없고, 그의 신관은 신 즉 (소산적) 자연이라
는 범신론이 된다.

그러나 스피노자의 신관은 이러한 의미의 범신론과는 어느
정도 거리를 두고 있다. 우선 그의 말을 들어보자.

논의를 좀 더 구체적으로 하기 전에 능산적 자연과 소산적 자연
을 어떻게 이해 할 것인지, 그리고 두 개념에서 주의해야 할 점을
설명하겠다. 지금까지 제시한 사항들로부터 이미 다음의 것이 판
명될 것으로 생각한다. 즉 우리는 능산적 자연을 자기 자신 속에
존재하고, 자기 자신에 의해서 생각되는 것이라고 이해해야 한다.
또한 영원하고 무한한 본질을 표현하는 실체의 속성들, 즉 (정리
14의 계 및 정리 17의 계 22에 의해) 자유 원인으로 고찰되는 신이
라고 이해하지 않으면 안 된다. 이에 반하여 소산적 자연을 신의
본성 또는 신의 각 속성의 필연성으로부터 생기는 모든 것으로 이
해해야 한다. 다시 말해 신 속에 존재하고, 신 없이는 존재할 수도
파악될 수도 없는 것으로 고찰되는 신의 속성으로부터 나타나는
모든 양태라고 이해한다. (윤리학』 1부 정리 29의 주해)

스피노자에게 전체로서의 자연과 동일시되는 것은 능산적

자연이 아니라 소산적 자연이다. 그것은 과거에 존재했던 개체들이나 미래에 지속될 모든 개체들의 총화로서 전 우주의 얼굴이다. 스피노자는 이것을 무한 양태라고 불렀고, 이를 소산적 자연으로 분류하고 있다. 따라서 '자연 전체'와 '그 전체를 구성하는 것들'은 모두 소산적 자연에 속하는 양태들일 뿐이다 (전자는 무한 양태이고, 후자는 유한 양태이다). 이렇게 전체로서의 자연이 신이 아니라면, 스피노자에게 신의 자리는 없어 보인다. 왜냐하면 스피노자는 자연 이외의 어떤 초월적 존재도 인정하고 있지 않기 때문이다. 사실상 스피노자의 자연관이 우리에게 약간은 생소한 이유가 있다. 그것은 우리가 자연을 생성 소멸하는 변화하는 자연으로 보고, 이 변화를 일으키는 원인을 초월적인 신으로 생각하는 종교적 방식에 익숙해져 있거나 아니면 초월적 원인을 부정하고 그 변화하는 자연만을 존재로 인정하는 무신론적 사고방식에 익숙해져 있기 때문이다. 스피노자 철학에서의 신과 자연은 이러한 사고방식에서 벗어났을 때 이해가 가능하다.

2. 신과 자연의 관계

스피노자에게 능산적 자연과 소산적 자연의 관계는 원인과 결과의 관계이다. 그런데 그는 능산적 자연을 소산적 자연의 초월적 원인(causa transiens)이 아니라 내재적 원인(causa im-manens)으로 규정하고 있다 : "신은 존재하는 모든 것의 내재적 원인이며 초월적 원인이 아니다"(『윤리학』, 1부 정리 18). 초월적 원인은 그 결과를 자신의 바깥에 생기게 하는 원인이고 내재적 원인은 그 결과가 자신의 안에 생기게 하는 원인이다. 그렇다면 스피노자에게 변화하는 소산적 자연은 능산적 자연의 내부에 있게 된다. 다시 말해 능산적 자연은 자신의 결과인 소산적 자연을 자신 안에 가지고 있다. 그렇다면 능산적 자연의 정체성은 무엇인가? 이를 유비적으로 설명해보자.

욕조에 물을 받아놓고 그 물을 힘있게 휘저으면 물결들이 쉴 새 없이 요동칠 것이다. 여기에서 욕조의 받아놓은 물, 즉 휘젓기 전의 잔잔한 물은 물결의 원인이 된다. 여기서 잔잔한 물은 그 결과인 물결을 자신 안에 가지고 있게 된다. 이렇게 물이라는 원인이 물결이라는 결과를 자신 안에 가지고 있는 경우, 우리는 물이 물결의 내재적 원인이라고 한다. 또한 이 욕조의 물은 자신이 가지고 있는 필연적인 법칙, 즉 처음 물을 휘저을 때 주어진 힘의 법칙에 따라 끊임없이 물결칠 수밖에 없다고 가정하자. 그렇다면 우리는 그 잔잔한 물 자체를 볼 수 없고, 그 물의 물결만을 볼 것이다. 하지만 우리가 조금만 주의 깊게 생각해 보면, 그 물결은 모두 잔잔한 물의 결과일 뿐이라는 것을 알 수 있다. 끊임없이 물결치기 때문에 잔잔한 물 자체는 볼 기회는 없지만, 그 물결들에 대한 숙고는 우리로 하여금 잔잔한 물의 관점에서 그 물결을 바라볼 수 있게 한다. 그 잔잔한 물의 관점에서 물결들을 바라본다면 우리는 그 물결의 진정한 원인이 다름 아닌 물이라는 사실을 인식할 수 있게 된다. 또한 그 어떤 물결도 물의 필연적인 법칙, 즉 처음 물을 휘저을 때 주어진 힘의 법칙에서 벗어나 임의로 물결칠 수 없다는 것을 인식하게 해준다.[17]

　이제 능산적 자연과 소산적 자연의 관계를 물과 물결의 관계에 대비시켜 보도록 하자. 능산적 자연은 조금의 미동도 없어서, 전혀 물결이 치지 않은 욕조의 잔잔한 물에 비유될 수 있다. 소산적 자연은 그 물의 끊임없는 물결로 비유될 수 있다.[18] 능산적 자연은 변화가 없는 상태의 자연이고, 소산적 자연은 능산적 자연이 변화하여 생성 소멸하는 자연이다. 조금

---

17) 조금 더 상상력을 발휘한다면, 능산적 자연과 소산적 자연의 유비로 바닷물과 파도를 연상해도 좋을 것이다. 또는 주름치마의 천과 주름을 연상해도 된다.

18) 끊임 없이 일어나는 물결 전체를 무한 양태라고 할 수 있다. 그리고 물결 전체에서 일부분을 유한 양태라고 할 수 있을 것이다.

더 구체적으로 말하자면 능산적 자연은 생성 소멸의 변화가 없는 자연(잔잔한 물)이다. 이 능산적 자연은 자신의 본성이 지니는 필연적 법칙에 의해서 끊임없이 여러 상태로 변화한다. 능산적 자연의 끊임없는 변화 상태가 바로 소산적 자연이다. 우리가 살고 있는 세계는 이 소산적 자연으로서의 세계이지만, 궁극적으로는 능산적 자연으로서의 세계가 된다. 왜냐하면 요동치는 물결 위에 있는 종이배를 우리는 물 위에 있다고도 할 수 있기 때문이다. 그렇다고 해서 능산적 자연을 소산적 자연과 동일시해서는 안 된다. 잔잔한 물 자체를 물결이라고 할 수 없듯이 변화가 없는 상태의 능산적 자연을 우리는 끊임없이 변화하는 소산적 자연이라고는 할 수 없기 때문이다. 다시 말하자면, 우리가 물결을 물과 분리해서 생각할 수 없듯이 소산적 자연을 능산적 자연과 분리해서 생각할 수 없다. 반면에 물결을 물이라고 할 수 없는 것과 마찬가지로 소산적 자연을 능산적 자연과 동일시할 수도 없다. 능산적 자연이 소산적 자연과 동일시될 수 없는 이유는 스피노자에게 능산적 자연은 '모든 변화하는 존재들의 총합인 전체'로 이해되는 것이 아니다. 잔잔한 물이 끊임없이 요동치는 물결의 본체이듯이 능산적 자연은 끊임없이 변화·생성하는 소산적 자연의 본체이다. 그래서 능산적 자연은 실체가 되고 소산적 자연은 양태(실체가 변화한 상태)가 된다.

물결의 비유는 유명한 스피노자의 진술, 즉 "모든 사물들을 '영원의 상(相)'에서 바라보아야 한다"라는 진술의 의미를 유비적으로 설명해준다.[19] 그것은 끊임없이 요동치는 물결을 잔잔한 물의 관점에서 바라보았을 때, 우리는 비로소 물결에 대한 올바른 인식을 할 수 있게 된다. 즉 그 물결의 진정한 원인은 다름 아닌 물이고, 어떤 물결이라도 그 물의 일부에 불과하다는 사실을 인식할 수 있게 된다. 또한 물결은 임의대로 요동치고 있는 것이 아니라 물의 필연적인 법칙, 즉 처음 물을 휘저을 때 주어진 힘의 법칙에 따라 물결치고 있다는 사실 등을 올바르게 인식할 수 있게 된다. 반면에 잔잔한 물의 관점에서 벗어나 물결만을 바라본다면 우리는 그 물결의 원인이 물이라는 사실도 모르게 된다. 또한 물결이 이 물의 일부라는 사실도 모르게 될 뿐만 아니라 물결이 자기 마음대로 요동치고 있다고 생각하게 될 것이다. 이와 마찬가지로 우리가 살고 있는 이 소산적 자연으로서의 세계를 능산적 자연의 필연적 법칙 즉 '영원의 상(相)'에서 바라볼 때, 우리는 세계에 관한 올바른 인식을 할 수 있게 된다. 이렇게 '영원의 상(相)', 즉 신적 본성의 필연성

---

19) 스피노자에게 영원성은 필연성과 거의 동일시된다 : "영원성이란 존재가 영원한 것의 정의에서만 **필연적**으로 나온다고 생각하는 한, '존재 그 자체'를 가리키는 것을 말한다"(『윤리학』 1부 정의 8). 따라서 사물을 '영원의 상(相)'에서 바라보는 것은 필연성의 관점에서 바라보는 것이다.

(능산적 자연의 필연적인 법칙)의 관점에서 소산적 자연을 바라보면 우리 자신의 원인에 대한 올바른 인식을 가지게 함으로써 우리가 자연의 작은 일부일 뿐이고, 우리의 모든 행동이 자연의 필연적인 법칙에 따라 결정되어 있다는 사실을 깨닫게 된다. 그리고 이러한 깨달음은 우리를 최고 행복에 이를 수 있는 길로 인도해준다. (이것은 5장에서 구체적으로 논의될 것이다.)

그럼 능산적 자연과 소산적 자연에 대한 스피노자의 이러한 관점을 범신론으로 해석하는 것은 어느 정도 타당한가? 스피노자에게는 신은 '하나이면서 모든 것'이고, 또한 '모든 것인 하나'이다. 이것은 잔잔한 물이 하나이면서도 끊임없이 요동치는 모든 물결이 되고, 또한 그 모든 물결이 궁극적으로는 하나의 물이라는 사실과 같은 맥락이다. 스피노자가 신에 취한 사람이라는 평가와 함께 무신론자라는 상반된 평가를 받는 이유도 신(능산적 자연)에 대한 이러한 관점 때문이다.

필자는 스피노자의 내재적 원인으로서의 신을 범신론보다는 만유내재신론(panentheism)으로 해석하는 것이 더 정확하다고 생각한다. 만유내재신론은 세계와 신을 동일시하지 않는다. 세계는 신이 아니다. 그것은 신 안에 있다. 만유내재신론에서 세계에 존재하는 모든 것들은 신을 원인으로 가지면서, 신 안에 존재한다. 따라서 그것들은 신 없이는 그 존재가 이해될 수 없다. 이렇게 세계와 신의 관계는 동일시되지 않으면서 상당히 밀접하다. 이러한 관계를 다시 물결의 유비로 설명해보자. 물은 물결의 원인이다. 그리고 물결은 물 안에 존재하고, 또한 물 없이는 물결의 존재가 이해될 수 없다. 이렇게 잔잔한 물과 물결은 상당히 밀접한 관계에 있다. 그러나 우리는 그것들이 동일하다고는 말할 수 없다.

한편 이 만유내재신론은 다음의 스피노자의 진술을 잘 반영하고 있다 : "존재하는 모든 것은 신 안에 있으며, 신에 의해서 생각되지 않으면 안 된다. 따라서 신은 자기 자신 속에 존재하는 모든 것의 원인이다"(『윤리학』 1부, 정리 18에 대한 증명). 그러나 넓은 의미에서는 만유내재신론도 범신론의 일종이라고 할 수 있기 때문에 그의 신관에 대해 범신론이라는 명칭을 부여해도 무방할 것 같다. 그러나 우리에게 중요한 것은 그 명칭보다도 스피노자의 범신론이 신과 자연을 동일시하는 일반적인 의미의 범신론으로부터 어느 정도 벗어나 있다는 사실을 염두에 두고 그의 사유의 왕국을 탐험해야 한다는 것이다.

그의 범신론적 신관은 인격신, 초월적 원인, 무로부터의 창조를 부정함으로써 신적 본성의 필연성과 우주의 제일법칙을 동일시하게 한다. 소산적 자연 안에 있는 모든 존재는 능산적 자연의 필연적인 법칙, 즉 신적 본성의 필연성에 의해서 결정되어 있다. 따라서 과학적 탐구에 의해 (소산적) 자연 현상들의 법칙들을 많이 발견하는 것만이 (능산적) 자연의 제일법칙을 알 수 있는 유일한 길이 된다. 또한 그 길이 곧 신적 본성이 지니는 필연성을 인식하는 길이 된다. 이것은 과학적 설명이 곧 종교적 설명이 되고, 종교적 설명이 바로 과학적 설명이 된다는 것을 의미한다. 즉 종교와 과학의 간격이 없어짐으로써 신에 대한 인식이 우주의 법칙에 대한 과학적 탐구만으로 가능하다는 결론에 다다르게 된다. 이렇게 스피노자의 신관은 과학과 종교사이에 다리를 놓고 있다.

1장을 마무리하며

데까르뜨가 자신의 실체 개념을 철저하게 지키지 못하고 신이외의 다른 실체들을 주장할 수밖에 없었던 것은 그의 이신론적 신관때문이라고 할 수 있다. 그에게 신은 무로부터 세계를 창조한 신이자 이 세계를 초월한 존재이다. 따라서 신과 세계는 서로 완전히 분리되어 있다. 그렇기 때문에 신만을 유일한 실체로 인정할 경우, 세계에 관한 설명은 난관에 부딪히게 된다. 그래서 데까르뜨는 신이라는 무한 실체 이외에 이 세계를 설명해 줄 수 있는 실체가 필요했고, 정신과 물체라는 두 개의 유한 실체를 주장하게 되었다. 이에 반해서 스피노자는 무로부터의 창조와 초월적 존재로서의 신을 부정했다. 그리고 모든 것이 신 안에 존재한다는 일원론적 세계관을 정립했다.

그 결과 스피노자는 신이라는 하나의 실체만이 필요하였다. 그리고 그 하나의 실체, 즉 신은 다름 아닌 자연이 되는 것이다. 또한 스피노자는 데까르뜨와는 달리 정신의 자유 의지를 부정하였기 때문에 정신을 기계론적 자연에 포함시키는 데 아무런 문제가 없었다.[20] 스피노자의 이러한 사유들은 정신, 물질, 그리고 신까지 포함하는 하나의 합리적 세계를 제시할 수 있게 하였다.

이렇게 '실체 즉 신' '신 즉 자연'으로 표현되는 그의 세계관은 하나의 실체가 신이고, 또한 자연이기 때문에 데까르뜨가 주장하는 다수의 실체에서 비롯된 문제를 해결한 것으로 보인다. 그러나 거기에는 또 다른 문제가 발생한다. 그것은 정신과 물체의 본질인 사유 속성과 연장 속성들이 이제는 하나의 실체에 속하게 되는 '하나의 실체와 다수의 속성'의 문제이다. 하나의 실체가 두 개의 본질을 가지게 된 것이다. 더 나아가 스피노자는 사실상 무한한 수의 속성들을 주장하면서, 그 중에서 인간이 지금까지 발견한 속성은 사유와 연장뿐이라는 점을 강조한다. 그렇다면 하나의 실체가 무한한 수의 본질을 가지게 되는 모순된 결론이 나온다. 따라서 스피노자의 속성개념은 그의 철학 전반을 이해하는 데 상당히 중요한 개념이다. 그의 속성

---

20) 자유 의지의 문제는 5장에서 구체적으로 논의될 것이다.

개념의 성공여부에 따라 그는 데까르뜨의 문제점들을 해결할 뿐만 아니라 자신이 제시한 새로운 세계관에 정당성을 부여할 수 있기 때문이다. 더 나아가 속성개념을 어떻게 해석하느냐에 따라 그의 철학 전반에 대한 해석이 (정반대로까지도) 달라지게 된다. 그의 형이상학과 심신론이 관념론, 유물론, 평행론, 부수현상론 등 다양한 해석은 주로 그의 속성개념에 대한 다른 관점에서 비롯된 것이다. 그렇기 때문에 스피노자의 속성개념은 그의 연구가들에게 가장 빈번한 싸움터가 되고 있다. 다음 두 장에 걸쳐서 우리도 그 싸움터에 끼어들어 길고 힘든 논쟁을 진행할 것이다.

제2장

속성 : 비실재성과 실재성

I. 주관적 해석과 객관적 해석의 비교

II. 드 브리스의 편지

III. 정의 4

속성 : 비실재성과 실재성

스피노자의 속성 개념에 관한 고찰은 그의 철학을 연구하는 데 가장 중요한 과제 중의 하나이다. 왜냐하면 속성 개념은 앞에서도 언급했듯이 그의 실체관과 심신론 등과 밀접하게 연관되어 있으며, 속성 개념을 어떻게 해석하느냐에 따라 그의 철학 전반이 다른 방향으로 해석될 수 있기 때문이다. 따라서 스피노자 철학을 올바로 이해하기 위해서 속성 개념에 관한 연구는 필수적이다.

데까르뜨는 사유와 연장이라는 두 개의 속성이 각각 두 개의 다른 실체(정신과 물체)에 속한다고 주장했기 때문에 실체 이원론에서 야기되는 심신 이원론의 문제가 생기게 되었다. 이에 반해 스피노자는 사유와 연장의 속성이 하나의 실체에 속한다는 실체 일원론을 주장함으로써 위의 문제를 해결하려고 하였다. 그러나 스피노자의 주장이 실체 이원론의 문제를 해결할 수 있다고 하더라도, 또 다른 문제가 발생한다. 그것은 실체 일원론과 속성 이원론에서 야기되는 문제로서 '하나의 실체가 어떻게 두 개의 속성을 소유할 수 있느냐'라는 문제이다. 이것은 다름 아닌 속성의 상태와 지위에 대한 문제이기도 하다. 스피노자가 속성의 실재성을 인정했는지 또한 그에게 속성은 실체, 본질, 양태 등과의 관계에서 어떤 지위를 차지하는지 등의 문제점들이 제기된다.

스피노자의 속성 개념에 대한 해석은 기본적으로 두 부류로 나누어진다. 하나는 속성들이 지성 안에(in intellectu) 존재한다는 관점에 근거한 주관적 해석이고, 다른 하나는 속성들이 지성 밖에(extra intellectum) 존재한다고 주장하는 객관적 해석이다. 전자는 울프슨(H.A. Wolfson)에 의해서 주장되었으며, 후자는 하저로트(F.S. Haserot), 울프(A. Wolf) 등 많은 학자들에 의해서 주장되고 있다. 이 두 해석들은 서로 모순되기는 하지만, 각각의 해석은 스피노자의 진술에 기초하여 근거와 타당성을 지니고 있다. 제2장에서는 두 해석 중 어느 것이 스피노자의 입장인지를 밝히는 데 초점을 맞추고자 한다. 우선 두 해석의 주장들과 문제점들을 살펴 볼 것이다. 두 해석이 내세우는 주장들은 스피노자의 형이상학적 체계를 설명하는 데 각각 문제점을 안고 있다. 이들 해석으로부터 어떤 문제점들이 발생되는가를 살펴보는 것은 그의 속성 개념을 올바르게 해석하는 데 도움이 될 것이다. 그 다음 속성 개념과 관련되어 논란의 대상이 되고 있는 스피노자의 진술들을 살펴 볼 것이다. 우선 속성 개념에 대해 드 브리스와 주고 받았던 서신을 고찰해 볼 것이다. 드 브리스의 질문에 대한 스피노자의 대답은 명확하지 못한 것이라고 많은 해석자들이 지적을 하고 있지만, 속성 개념에 대한 스피노자의 입장을 밝히는 데 도움을 줄 수 있을 것이라고 생각한다. 또한 속성 개념에 대한 스피노자의 정의, 즉 정의 4를 고찰해보고자 한다. 논란의 대상이 되고 있는 정의 4를 고찰해 보는 것은 두 해석 중에서 어느 것이 스피노자의 입장인지를 밝히기 위해 꼭 필요한 작업이다. 이러한 과정을 통해서 스피노자의 속성 개념에 대해 보다 더 분명한 이해에 도달할 수 있을 것이다.

I. 주관적 해석과 객관적 해석의 비교

1. 비실재성과 실재성

주관적 해석은 스피노자에게 속성이란 그것들이 실체의 본질을 구성하는 것처럼 인간 지성에 의해 지각된 하나의 개념일 뿐이라고 주장한다. 즉 속성은 인간 지성에 의해서 생각되는 것이기 때문에 마음 속에만 존재할 뿐 아무런 객관적 실재성을 가지고 있지 않다는 것이다.[1] 이 해석은 『윤리학』 1부 정리 4

의 증명과 정리 15의 증명에 있는 "지성 밖에 존재하는 것은 오직 실체와 양태 뿐이다"라는 스피노자의 진술을 강조한다. '속성의 다수성'과 '본질의 단순성' 사이의 모순은 중세철학의 주요 문제 중의 하나였다. 이 모순을 제거하기 위해서 몇몇 중세 철학자들은 속성들의 실재성에 대한 주관론적 입장 즉 '모든 속성들을 하나의 속성(즉 본질)으로 환원시키는 입장'을 제시하였다. 울프슨은 스피노자가 이 문제에 대해 주관론적 입장을 지지했다고 주장한다.[2] 그래서 그는 스피노자의 속성 개념에 대해 "두 속성들은 서로 다른 것으로 정신에 나타나지만, 실제로는 그것들은 하나"[3]이다. 그러므로 "두 속성들은 하나이고, 실체와 동일함이 틀림없다"[4]라고 진술한다. 사유의 속성과 연장의 속성은 서로 다른 속성으로 인식되지만, 사실상 그것들은 인간의 정신이 고안해 낸 것에 불과한 것으로 두 속성들은 사실상 하나의 속성, 즉 본질로 환원된다. 따라서 실제로는 하나의 속성, 즉 본질만이 존재한다. 이렇게 주관적 해석은 속성들을 인간 정신이 만들어 낸 환영으로 간주하면서 그 실재

---

1) H.A. Wolfson, *The Philosophy of Spinoza*, vol. 1 (New York: Schocken Books, 1934), 146쪽.

2) 같은 책, 154쪽.

3) 같은 쪽.

4) 같은 책, 156쪽.

성을 인정하지 않는다. 다음으로 객관적 해석은 주관적 해석과
는 달리, 속성들의 실재성과 독립성을 인정한다. 속성들은 인
간 정신 밖에서 존재하며, 따라서 각각의 속성들은 실재성을
지니면서 서로 독립되어 있다. 이 속성들은 인간 정신이 만들
어 낸 환영이 아니라, 실제로 존재하는 서로 분리된 속성들이
다.5) 이 독립된 속성들은 서로 환원되지 않으면서 실체의 본질
을 구성한다. 따라서 실체는 환원되지 않는 다수의 속성들을
소유하게 된다. 여기서 주관적 해석에서는 문제되지 않았던
'속성의 다수성'과 '본질의 단순성' 사이의 모순의 문제가 발
생하게 되고, 객관적 해석은 속성들의 총합을 실체와 동일한
것으로 간주하면서 문제를 해결하려고 시도하기도 한다. 이처
럼 주관적 해석은 속성들을 인간 정신 안에서만 존재하는 비실
재적인 것으로 다루며, 객관적 해석은 속성들을 인간 정신의
외부에서 실재성을 가지는 것으로 다루고 있다.

두 해석은 나름대로 스피노자의 진술에 근거를 두고 있다.
주관적 해석이 근거를 두고 있는 스피노자의 진술은 다음과 같
다. "존재하는 모든 것은 그 자체에 있거나 다른 것에 있다"(『윤
리학』 1부 공리 1). 우리는 전자가 실체이고 후자가 양태라는

---

5) H. Joachim, *A Study of Spinoza's Ethics* (Oxford: Clarendon Press, 1901),
   22쪽.

것을 다음의 스피노자의 진술로 알 수 있다. "자연 안에 실체와 양태 이외에 아무 것도 없다"(『윤리학』 1부 정리 6의 계). 또한 "실체와 양태 이외에 어떤 것도 가정될 수 없다"(『윤리학』 1부 정리 15에 대한 증명). 이렇게 실체와 양태만이 존재한다는 진술에서 우리는 속성이란 실재하지 않는다고 추론할 수 있다. 이렇게 위의 진술들은 주관적 해석의 명백한 증거라고 생각될 수 있다. 그렇지만, 스피노자는 때때로 속성들을 실체와 동일시하기 때문에 위의 진술에서 속성의 비실재성을 추론하는 것은 무리가 있다. 또한 실체는 속성들을 소유한 실체이기 때문에 실체와 양태만이 존재한다는 진술이 결코 속성의 실재성을 배제시킬 수 없다. 다른 한편 다음의 진술들은 객관적 해석을 뒷받침할 수 있는 것으로 보인다.

더 많은 실재성이나 존재를 한 사물이 소유할수록 더 많은 속성이 그 사물에 속하게 된다(『윤리학』 1부 정리 9).

실체의 각각의 속성은 속성 자체를 통해서 인식되어야 한다(『윤리학』 1부 정리 10).

신이란 절대적으로 무한한 존재이다. 즉 각각의 속성이 영원하고 무한한 본질을 표현하는 무한한 수의 속성들로 구성된 실체이다(『윤리학』 1부 정의 6).

이렇게 위의 진술들에 각각 근거하여 주관적 해석은 속성들의 비실재성을 주장하고, 객관적 해석은 속성들의 실재성을 주장하고 있다.

2. 두 해석의 문제점

주관적 해석과 객관적 해석은 나름대로 스피노자의 진술에 근거를 두고 있지만, 그 해석들을 스피노자의 입장이라고 간주하기에는 각각 문제점이 있다. 객관적 해석은 '실체의 단순성과 속성들의 다수성'이라는 문제에 직면한다. 스피노자에게 속성은 실체의 본질을 구성하는 것이기 때문에 다수의 속성이 있다는 것은 하나의 실체가 여러 본질을 가진다는 말이 되며, 이는 모순을 야기한다. 왜냐하면 스피노자는 실체가 단순하며, 구분될 수 없다고 주장하기 때문이다(『윤리학』 1부 정리 13). 이는 곧 "하나의 본질과 다수의 속성"의 문제이다. 객관적 해석이 주장하듯이 속성들이 실재성을 소유하고 서로 독립되어 있다면, 그것은 실체가 구분될 수 없다는 스피노자의 주장과 모순된다. 사실상 '일(一)과 다(多)'의 문제는 객관적 해석에서는 해결하기 힘든 과제이다.

그러나 주관적 해석에서는 이러한 '일(一)과 다(多)'의 문제가 생기지 않는다. 앞에서 보았듯이 주관적 해석에서는 사유와 연장의 속성들은 인간 정신이 만들어 낸 환영에 불과한 것이기 때문에 그것들은 하나의 속성 즉 본질로 환원된다. 이렇게 실제로는 하나의 속성만이 존재한다면 '일(一)과 다(多)'의 문제는 자연히 해결된다. 이러한 점에서 우리는 속성들의 비실재성을 주장하는 주관적 해석에 매력을 느끼게 되는 것이다. 그렇지만 주관적 해석은 다음과 같은 문제점을 안고 있다. 스피노자는 물체들을 연장의 속성을 가진 실체가 변화된 것 즉 연장의 양태라고 정의한다. 그런데 주관적 해석이 주장하듯이 속성들이 실제로 존재하지 않는다면, 이 양태들은 어디로부터 오는 것인가? 인간 정신이 연장 속성을 고안해낸 것에 불과하다면, 이 질문에 대답하는 것은 불가능할 것이다. 즉 연장 속성이 실재하는 것이 아니라면, 그것의 양태인 물체도 존재론적 지위를 잃게 되기 때문에 물질 세계에 대한 설명을 할 수 없게 된다. 스피노자의 철학을 관념론으로 해석하려는 사람들은 (주관적 해석이 스피노자의 입장일 경우) 주관적 해석에서 야기된 문제점이 관념적 해석을 지지할 수 있다고 생각할지 모른다. 또한 역으로 주관론자들은 (관념론이 스피노자의 입장일 경우) 주관적 해석에서 발생한 문제점이 관념론으로 해결될 수 있다고 생각할 수 있을 것이다. 그러나 주관적 해석은 물체의 실재성 뿐만 아니라 정신의 실재성도 보증해 주지 못하고 있다. 사유 속성이란 '인간 정신'이 고안해 낸 것일 뿐 실재하는 것이 아니라는 주관적 해석이 정당성을 얻기 위해서는 '인간 정신'의 실재성이 인정되어야 한다. 이를 위해서 오히려 사유의 실재성이 먼저 인정되어야 한다. 그런데 스피노자는 정신을 사유 속성을 가진 실체가 변화된 것, 즉 사유의 양태라고 정의한다. 그렇기 때문에 스피노자의 형이상학적 체계에서는 사유의 속성이 존재하지 않는 한, 그것의 양태인 정신이 존재할 수 없다. 주관적 해석에서는 사유의 비실재성을 주장하기 위해서 인간 정신의 존재가 실재해야 되는데, 이 정신의 존재가 실재하기 위해서는 오히려 자신의 주장과 모순되는 사유의 실재성을 인정할 수밖에 없게 된다. 사실상 주관적 해석은 '하나의 본질과 다수의 속성'사이의 모순을 확실하게 해결할 수 있다는 점에서 상당히 매력적이다. 그러나 이 해석은 속성들의 비실재성을 주장함으로써 물체와 정신의 실재성마저도 잃게 한다. 주관적 해석이 '일(一)과 다(多)'의 문제를 해결해 주기는 하지만, 그 대가로 잃는 것이 너무 크다고 하겠다. 이처럼 각각의 해석의 문제점들은 스피노자의 속성 개념에 대한 논쟁을 더욱 심화시킨다. 이러한 논쟁 속에서 스피노자의 속성 개념에 대한 올바른 관점을 확보하기 위해서 우리는 먼저 스피노자의 진술을 살펴볼 필요가 있다.

II. 드 브리스의 편지

'일(一)과 다(多)'의 문제를 제일 먼저 제기한 사람은 스피노자의 친구인 시몬 드 브리스(Simon de Vries)이다. 그는 스피노자에게 보내는 편지에서 객관적 해석에서 나타나는 '실체의 단순성과 속성의 다수성'이라는 문제를 제기하고 있다.

> 마지막으로 정리 8의 주해 3의 앞 부분에서 당신은 다음과 같이 말했습니다.[6]

> 이 정의로부터 비록 두 속성이 실제로는 별개의 것으로 파악될지라도 (하나의 속성이 다른 속성의 도움없이 파악될지라도) 그 때문에 두 속성들이 두 개의 존재 또는 두 개의 실체를 구성하지 않는다는 것이 명백하다. 그 이유는 모든 속성들(나는 그것들 각자를 의미한다)이 실체 안에 항상 함께 있었기 때문에 그것들 자체를 통해서 인식되는 것이 실체의 본성이기 때문이다.

> 이러한 방식으로 당신은 실체의 본성이 너무나 구성적이어서 실체가 하나 이상의 속성을 가진다고 가정하는 것 같습니다. 그러나

---

6) 『윤리학』 1부 정리 10의 주해를 말한다. 컬리는 『윤리학』 초고의 정리 8의 주해 3이 『윤리학』에서는 1부 정리 10의 주해로 되었다는 사실을 알려주고 있다. (Edwin Curley, *The Collected Works of Spinoza*, vol. 1 [Princeton: Princeton University Press, 1985], 192쪽, 각주 62)

절대적으로 무한한 실체 즉 신에 대한 5번째 정의[7]에 의존하지 않는다면, 당신은 아직 증명을 한 것이 아닙니다. 그렇다면, 내가 각각의 실체가 오직 하나의 속성을 가진다고 말해야 하고 또한 내가 두 개의 속성의 관념을 가지고 있을 때, 나는 두 개의 다른 속성들이 있으면 두 개의 다른 실체들이 있다고 올바르게 결론내릴 수 있을 것입니다. (서신 8편)

이처럼, 드 브리스는 하나의 실체와 두 개의 속성들(최소한 두 개) 사이의 양립 가능성에 관한 문제를 지적했다. 스피노자는 각각의 속성들이 하나의 같은 실체를 구성할 수 있다고 주장하는데, 드 브리스가 이에 대해 의문을 제기하는 이유는 그가 아마 속성을 본질로서 간주했기 때문일 것이다. 그럼 드 브리스의 질문에 대한 스피노자의 답변을 들어 보기로 하자.

그럼에도 불구하고, 당신은 하나이고 같은 것이 어떻게 두 개의 이름으로 불릴 수 있는지 예를 들어서 설명해 줄 것을 나에게 요구하고 있습니다. (사실 이런 설명이 전혀 필요하지 않은데도 말입니다.) 인색하지 않게, 두 가지 예를 들겠습니다. (i) 나는 세 번째 제사장을 이스라엘이란 이름으로 이해합니다. 그리고 이 세 번째 제

---

7) 『윤리학』 1부 정의 6을 말한다. 컬리는 또한 『윤리학』의 1부 정의 6이 『윤리학』 초고에서는 5번째 정의였다는 사실을 알려 준다. (Curley, 같은 쪽)

사장을 그의 형의 발꿈치를 붙잡고 태어났기 때문에 붙여진 야곱
이란 이름으로 이해합니다. (ii) 평면이란 빛의 모든 광선이 아무 변
화없이 반사하는 것을 의미합니다. 그리고 흰색에 의해서도 같은
것을 의미합니다. 물론 사람이 표면을 보는 것과 관계되어서 흰색
이라고 불리어지는 경우를 제외하고 말입니다. (서신 9편)

대부분의 해석자들은 위의 유비가 드 브리스가 제기한 문제
를 해결하기에 충분하지 않다고 생각한다. 드 브리스가 제기한
문제의 초점은 '다수의 속성이 하나의 실체를 구성하는 것이
어떻게 가능한가'인데, 스피노자는 '어떻게'에 대해서 설명하
는 대신에 가능한 예들을 유비로 보여주는 데 그치고 있다. 그
래서 우리는 유비들을 통해서 스피노자의 주장을 짐작할 수밖
에 없다. 이 유비를 통해서 알 수 있는 것은 이스라엘과 야곱
(평면과 흰색)이라는 각각 다른 이름들이 그 표현의 방식은 달
라도 둘 다 같은 것을 언급한다는 것이다. 따라서 우리는 실체
와 속성의 관계를 다수의 속성들이 다른 표현 방식으로 같은
실체에 대해 언급한다고 이해할 수 있다. 이로부터 우리가 추
론할 수 있는 것은 다음과 같다. 두 개의 속성들은 동일한 본질
을 언급하는 두 개의 다른 방식 ―어떤 것을 식별하는 두 개의
다른 방법 ― 을 제공한다. 결국 유비를 통해서 스피노자는 두
개의 속성이 있다고 해도 반드시 두 개의 실체가 존재하는 것

은 아니라고 말하고 있다. 왜냐하면 속성들은 실체를 각각 자신의 방법으로 표현하고 있기 때문이다. 마치 동일한 사람이나 동일한 것이 다른 여러 방법들에서 표현되듯이 말이다.

그런데 문제는 하나의 실체와 두 개의 속성 사이의 관계가 주관적 해석 방식과 객관적 해석 방식 중 어느 방식에서 일어나는지에 대해서 스피노자는 위의 서신에서 침묵하고 있다는 것이다. 위의 유비들에서 속성에 대한 스피노자의 주관론적 입장이 어느 정도 나타나 있다고 주장하는 사람들이 있을지도 모른다. 왜냐하면 위의 유비에 의하면 속성들은 하나의 실체를 부르는 이름에 불과할 뿐 실재하는 것이 아니라고 생각할 수 있기 때문이다. 그러나 오히려 이 유비가 객관적 해석의 경향을 띠고 있다고 이해할 수도 있다. 왜냐하면 유비들은 속성들이 동일한 것을 인식하는 두 개의 다른 방법을 제공하면서 실제로 존재한다는 것을 보여주는 듯하기 때문이다. 예를 들어, '세 번째 제사장인 것'(이스라엘)과 '형의 발꿈치를 붙잡는 것'(야곱)은 이름에 불과한 것이 아니라, 어떤 의미에서는 각각 존재하고, 또한 그것들은 그 자신만의 방식으로 같은 사람을 각각 표현한다. 이렇게 위의 유비는 주관적 해석과 객관적 해석 모두에게 열려 있기 때문에 문제 해결에 도움을 주지 못한다. 오늘날 우리들이 '일(一)과 다(多)'에 대해서 던지는 의문점을 드 브리스가 스피노자에게 직접 물었고, 이에 대한 스피노자의 답변을 들을 수 있는 것은 좋은 기회이다. 그러나 스피노자가 유비에 의해서만 설명하기 때문에 속성의 실재성 여부를 확실하게 알 수 없는 아쉬움이 남는다. 이처럼 드 브리스에 대한 스피노자의 답변이 주관적 해석과 객관적 해석의 문제를 해결해주지 못하기 때문에 이 해석에 대한 논쟁이 더욱 심해진다.

그럼에도 불구하고 위의 서신에서 속성들의 객관적 실재성을 추론할 수 있는 한 가지 가능성은 있다. 드 브리스가 속성의 객관적 해석 하에서 문제를 제기했음은 분명하다. 왜냐하면 주관적 해석에서는 그러한 '일(一)과 다(多)'의 문제가 발생하지 않기 때문이다. 이 경우, 스피노자가 주관적 해석의 입장에 있었다고, 다시 말해서 속성들이 실제로 존재하지 않고 실체의 본질을 구성하지 않는다고 생각하고 있었던 것으로 가정해보자. 그렇다면 스피노자는 아마도 드 브리스에게 유비들을 제공하는 대신에 일(一)과 다(多)에서 발생하는 문제를 알려주었을 것이다. 다시 말해 스피노자가 주관론의 입장에 있었다면, 그는 위의 서신에서처럼 속성들이 어떻게 실체의 본질을 구성하는지를 유비를 통해 보여주려고 하지 않았을 것이다. 그 대신에 그는 속성들이란 인간 정신의 환영에 불과할 뿐 존재하는 것이 아니며, 그러므로 속성들이 실제로 실체의 본성을 구성하는 것이 아니라고 말해 주었을 것이다. 스피노자는 속성들이 실재한다는 객관적 해석 입장을 가지고 있었기 때문에 하나의 실체와 다수의 속성의 문제를 유비를 통해서 드 브리스에게 설명해주려고 했던 것이다. 그러나 위의 서신은 주관적 해석과 객관적 해석 사이에서 여전히 결정적이지 못하다. 필자는 위의 유추들로부터 어느 해석이 스피노자의 입장인지 확실하게 결정짓는 것이 거의 가능하지 않다고 생각한다. 우리는 이 문제들을 스피노자의 다른 문헌들에서 결정해야 한다. 위의 서신과 더불어 속성 개념과 관련하여 많은 논쟁의 대상이 된 것은 이제부터 논의할 '정의 4' 즉 속성에 대한 스피노자의 정의이다.

III. 정의 4

1. 라틴어 "tanquam"의 번역

스피노자의 속성 개념이 이렇게 두 가지로 해석되는 이유는 속성에 대한 정의인 정의 4가 양의적으로 해석될 수 있기 때문이다. 정의 4는 많은 논란을 불러 일으켰으며, 아직도 그 논의가 진행 중에 있다. 사실상 정의 4는 속성에 대한 일반적인 정의들과는 다르게 기술되어 있기 때문에 기존의 속성에 대한 정의에 익숙한 사람들에게는 생소할 수도 있다. 따라서 정의 4에서 속성에 대한 스피노자의 주장이 무엇인지를 명확하게 이해하는 것은 쉽지 않다. 정의 4는 다음과 같다. (첫번째 것은 주관적 해석에 따라 번역된 것이고, 두번째 것은 객관적 해석에 따라 번역된 것이다.)

　　속성이란 마치 실체의 본질을 구성하는 것처럼(tanquam) 지성이 실체에 관하여 지각하는 것이다. (E1D4)

　또는

　　속성이란 실체의 본질을 구성하는 것으로서(tanquam) 지성이 실체에 관하여 지각하는 것이다.[8]

이 정의 4로부터 다음과 같은 몇 가지 논쟁점들이 제기될 수 있다.

(1) 라틴어 "tanquam"을 올바로 번역하는 문제이다. 이 단어는 "마치 …처럼"(as if)이라고 해석되기도 하고 또한 "…으로서"(as)라고 해석되기도 한다.

---

8) 정의 4의 라틴어 원문과 영어 번역은 다음과 같다.
　"Per attributum intelligo id, quod intellectus de substantia percipit, tanquam ejusdem essentiam constituens."
　"By attribute I understand that which the intellect perceives of ubstance *as if / as* constituting its essence." (이탤릭체는 필자의 강조)

(2) "지성이 실체에 관하여 지각하는 것"과 "그 본질을 구성하는 것"이라는 두 개의 구절 사이의 무게 중심의 문제이다. 어느 구절에 더 중심을 두어야 하는가?

(3) '지성'이라는 용어의 적용에 관한 문제이다. '지성'은 '인간의 유한 지성'을 의미하는가? 아니면 '신의 무한 지성'을 의미하는가?

　위의 문제들은 그 답의 여부에 따라 주관적 해석과 객관적 해석을 각각 지지하게 만들기 때문에 스피노자의 속성 개념을 해석하는 데 중요한 역할을 한다. 그럼 위의 문제들을 차례로 살펴보기로 하자.[9]

　주관적 해석과 객관적 해석은 라틴어 "tanquam"의 번역에 의존할 수 있다. 그 단어가 "마치 … 처럼"(as if)이라고 번역된다면, 그것은 주관적 해석을 지지한다. 왜냐하면 이 번역은 **실제로는 그렇지 않은** 실체를 마치 그러한 것처럼 지성이 잘못 인식한다는 것을 함축하고 있기 때문이다. 이렇게 "지성이 실체에 대해 잘못 인식한 것"이 속성이라면, 그것들은 결국 인간 정신이 고안해 낸 개념에 불과 한 것으로 실재하는 것이 아니

---

9) 정의 4와 관련하여 필자는 하저로트의 논의의 형식을 따르고 있다. (Francis S. Haserot. "Spinoza's Definition of Attribute" in S. Paul Kashap (ed.), *Studies in Spinoza* [London: University of California Press], 28-42쪽.)

다. 이와 반대로, "…으로서"(as)라고 번역된다면, 객관적 해석을 주장할 수 있게 된다. 왜냐하면 이 경우 속성들이 실제로 실체의 본질을 구성하고, 그러한 속성들이 실제로 존재한다고 이해될 수 있기 때문이다. 그래서 속성들은 실체의 본질을 구성하는 것으로 단지 생각될 수 있을 뿐 아니라, 실제로 실체의 본질을 구성하면서 실재성을 가진다고 주장할 수 있게 된다. 그러므로 "tanquam"이 "…으로서"라고 번역된다면 객관적 해석을 지향하게 된다. 그러나 "tanquam"이 "마치 …처럼"이라고 번역되든 "…으로서"라고 번역되든, 두 경우 모두 라틴어 문법에서는 정확한 번역이다. 어느 번역이 더 정확한 번역인지는 라틴어 문법으로는 결정이 되지 않는다. 더구나 "tanquam"이 "마치 …처럼"이라고 번역된다면 객관적 해석의 여지는 전혀 없지만, "tanquam"이 "…으로서"로 번역되는 경우는 주관적 해석이 배제되지는 않는다. 후자의 번역 하에서는 사실상 객관적 해석과 주관적 해석이 모두 가능하다. 그렇다면 번역의 정확성 여부로 이 문제를 해결하기는 힘들어 보인다. 오히려 속성에 대한 해석의 결과에 따라 번역을 달리 하는 것이 순서인 것으로 여겨진다. 먼저 해결해야 될 문제는 올바른 번역의 문제가 아니라 올바른 해석의 문제이다. 그리고 이 해석의 결과에 따라서 "tanquam"을 "…으로서"나 "마치 …처럼"으로 번역해야 할 것이다. 즉 번역 여부에 따라 해석이 달라지는 것이 아니라,

해석 여부에 따라서 번역이 정해져야 한다는 것이다. 이처럼 "tanquam"의 번역의 문제는 속성들의 비실재성과 실재성 문제에 대해 결정적이지 못하다. 우리는 속성들의 실재성 여부를 알기 위해서 다른 문제에 치중해야 한다.

2. "지성이 실체에 관하여 지각하는 것"과 "그 본질을 구성하는 것"

정의 4에는 두 개의 중요한 구절이 있다. 하나는 "지성이 실체에 관하여 지각하는 것"이라는 구절이고, 다른 하나는 "그 본질을 구성하는 것"이라는 구절이다. 그런데 어느 구절에 더 무게 중심을 두느냐에 따라 해석은 달라질 수 있다. 만약 전자의 구절이 강조된다면 스피노자의 속성 개념은 주관론으로 해석될 수 있고, 반면에 후자의 구절이 강조된다면 속성 개념은 객관론으로 해석될 수 있다. 울프슨은 이 점에 대해 다음과 같이 진술한다.

만약 "지성이 … 지각하는 것"이란 표현이 강조된다면, 속성은 지성 안에만 있는 것으로 여겨질 것이다. 그래서 속성들은 인식 주체와의 관계를 표현하고, 본질적으로 실재성을 지니고 있지 않는 사유의 주관적인 양상일 뿐이다.[10]

울프슨은 "그 본질을 구성하는 것"이라는 구절보다 "지성이 실체에 관하여 지각하는 것"이라는 구절에 주의를 기울인다. 그래서 울프슨에 의하면, 속성이 정신에 의해 지각된다는 말은 정신에 의해 고안된다는 것을 의미한다.[11] 이렇게 울프슨은 사유와 연장의 속성들을 인간 정신이 '발견한 것'이 아니라 '발명한 것'으로 간주한다. 그래서 "tanquam"과 관련된 구절을 울프슨은 "마치 실체의 본질을 구성하는 것처럼"(as if)이라고 번역한다. 다른 한편 객관적 해석은 "그 본질을 구성하는 것"이라는 구절에 강조점을 둠으로써, 속성이 실체의 본질 안에서 실재성을 가진다고 주장한다. 객관적 해석에 의하면, "지성이 실체에 관하여 지각하는 것"라는 구절이 "실체의 본질을 구성한다"는 사실 이상의 것을 함축하지 않는다. 따라서 "지성이 실체에 관하여 지각하는 것"이라는 구절에 집착해서 속성들이 우리 정신의 환상일 뿐이라고 해석하는 것은 무리가 있다는 것이다. 객관적 해석은 "그 본질을 구성하는 것"이라는 구절을 강조함으로써 스피노자에게 속성도 실체처럼 지성 밖에 존재한다는 점을 분명히 하려고 한다. 그러나 여기에서 발생되는 문제는 '무엇'을 기준으로 무게 중심을

---

10) Wolfson, 앞의 책, 146쪽.

11) 같은 쪽.

정하느냐에 있다. 어느 구절에 중점을 두느냐의 문제에서 가장 타당한 기준은 사실상 주관적 해석과 객관적 해석이다. 그렇지 않고서는 기준이 모호해진다. 주관적 해석과 객관적 해석의 문제를 해결하기 위해 무게 중심의 문제가 제기되었지만, 오히려 무게 중심을 정하기 위해서는 해석의 문제가 먼저 해결되어야 한다. 결국 무게 중심의 문제는 "tanquam"의 번역의 문제와 마찬가지로 속성의 실재성 여부를 결정하는 데 실질적인 도움을 주지 못하고 있다.

3. 유한 지성과 무한 지성

주관적 해석과 객관적 해석의 문제에 실질적인 도움을 얻기 위해서 우리는 정의 4의 '지성'이라는 용어를 주목해 볼 필요가 있다. 정의 4에서 언급되고 있는 '지성'이라는 용어가 인간의 유한 지성과 신의 무한 지성 중 어느 것을 의미하는지에 대해서도 주관적 해석과 객관적 해석은 견해를 달리한다. 주관적 해석은 유한 지성을 지지하며, 객관적 해석은 무한 지성을 주장한다. 주관론자인 울프슨은 정의 4의 '지성'이라는 용어를 유한한 인간 지성으로 간주한다. 이에 대한 울프슨의 주장은 다음과 같다.

이 정의 [1부 정의 4]에서 지성이란 용어는 스피노자에게 유한한 인간 지성을 의미한다. 그가 『윤리학』 2부 정리 7의 주해에서 "우리가 이미 증명했듯이 **무한 지성이** 실체의 본질을 구성하는 것으로 인식할 수 있는 모든 것은 전적으로 하나의 실체에 속하고, 결과적으로 사유하는 실체와 연장된 실체는 어느 때는 이 속성, 다른 어느 때는 저 속성 아래에서 파악된 하나이고 같은 것이다"라고 진술했을 때, 우리는 실체의 속성이 오직 무한 지성에 의해서만 인식될 수 있다고 추론해서는 안 된다. 위의 스피노자의 진술이 의미하는 것은 다음과 같다. "**무한 지성이** 실체의 본질을 구성하는 것으로 인식할 수 있는 **모든 것**" — 무한 지성은 실체의 본질을 구성하는 것으로 무한한 수의 것들에 대해 인식할 수 있다 — 은 실체의 속성일 뿐이지 실체 자체는 아니고, 그래서 결과적으로 유한 지성에 의해 실체의 본질을 구성하는 것으로 인식될 수 있는 연장과 사유는 실체의 속성일 뿐 실체 자체는 아니다.[12]

위의 울프슨의 진술은 '지성'이라는 용어와 관련된 객관론자들의 주장을 염두에 둔 것으로 보인다. 객관론자들은 2부 정리 7의 주해에서 "**무한 지성이** 실체의 본질을 구성하는 것으로 인식할 수 있는 **모든 것**"이라는 스피노자의 진술이 정의

---

12) 같은 책, 153쪽, 각주 2.

4의 '지성'이 '무한 지성'을 의미한다는 자신들의 주장을 뒷받침한다고 생각할 것이다. 그리고 이를 가지고 객관론자들은 정의 4에서의 '지성'이 '유한 지성'을 의미한다는 주관적 해석을 반박한다. 위의 진술은 울프슨이 이러한 예상되는 반론으로부터 자신의 주관적 해석을 변호하기 위한 것으로 보인다. 울프슨이 변호한 요지는 다음과 같다. 2부 정리 7에서의 스피노자의 진술은 '무한 지성만이 실체의 본질을 구성하는 것을 인식할 수 있다'는 주장이 아니라, '무한 지성 뿐만 아니라 유한 지성도 실체의 본질을 구성하는 것을 인식할 수 있다'는 주장으로 받아들여져야 한다는 것이다. 그래서 정의 4에서 '지성'이라는 용어가 유한 지성을 의미한다는 자신의 주장은 여전히 유효하다는 것이다.

그러나 울프슨은 위의 첫 번째 문장에서 '지성'이라는 용어는 인간의 유한 지성을 의미한다고 말했다. 따라서 울프슨이 입증해야 될 것은 '정의 4'의 지성이라는 용어가 무한 지성 뿐만 아니라 유한 지성도 의미한다'는 것이 아니다. 그는 '지성이라는 용어에서 왜 무한 지성이 배제되는지 즉 그 용어가 왜 유한 지성만을 의미하는지'를 보여주어야 했다. 그러나 이에 대한 설명이 전혀 없는 위의 진술은 그가 첫 번째 문장에서 언급한 유한 지성의 주장에 아무런 정당성을 부여하지 못한다. 위의 진술에서 한 가지 다른 가능성이 있을 수 있다. 두 번째 문장부터 울프슨의 진술들이 첫 번째 문장에 대한 이유와 근거들이 아니라, 단지 스피노자의 진술에서 야기될 수 있는 반박으로부터 '유한 지성'의 가능성을 남겨 놓으려는 의도로 생각할 수 있다.[13] 이 경우에는 '유한 지성'의 정당성에 대한 울프슨의 설명을 다른 곳에서 찾아야 하는데, 울프슨은 위의 인용문 이외에 다른 어떤 곳에서도 '유한 지성'의 정당성에 대해 설명하고 있지 않다. 어느 경우이든 간에 중요한 것은 주관적 해석을 주장하기 위해서는 '지성'이 '유한 지성'만이라는 사실을 입증해야 한다는 것이다. 그런데 두 경우 모두 지성이 왜 '유한 지성'만을 의미하는지 그 이유를 설명하지 못하고 있다. 이렇게 울프슨은 '유한 지성'의 주장에 대한 정당성을 우리에게 보여주지 못하고 있다.

사실상, 주관적 해석에서 지성이 무한 지성을 의미한다면, 주관적 해석은 근거를 잃게 된다. 주관적 해석의 핵심은 속성들이 실체의 본질을 구성하지 않는데 마치 구성하는 것처럼 지성이 잘못 인식한다는 것이고, 따라서 속성이란 실재하는 것이 아니라 인간 정신이 착각한 환상이라는 것이다. 그런데 지성이

---

13) 한 가지 또 다른 가능성은 울프슨의 첫 번째 문장이 잘못 표현된 것일 뿐, 사실 그 문장에서 울프슨이 주장하고자 하는 것은 (두 번째 문장에서부터 주장하는) 지성이 무한 지성 뿐만 아니라 유한 지성도 의미한다는 사실일지도 모른다. 이 경우 그는 자신의 진술을 두 번째 문장에서부터 잘 뒷받침하고 있다고 볼 수 있다. 그러나 어느 것이든 간에 중요한 것은 주관적 해석을 주장하기 위해서는 지성이 유한 지성만이 되어야 하고, 울프슨은 이것의 정당성을 설명해주지 못하고 있다는 것이다.

신의 무한 지성일 경우에는 위의 주장이 성립될 수 없다. 왜냐
하면 신의 무한 지성은 그렇지 않은 것을 그렇다고 잘못 인식
하거나 착각할 수 없기 때문이다. 따라서 주관적 해석은 왜 '지
성'이 '유한 지성'만을 의미하는지에 대해 근거를 반드시 제공
해야 한다. 그러나 우리가 방금 보았듯이 울프슨은 그것을 제
공하는 데 실패했고, 필자 역시 그것에 대한 이유를 찾지 못하
겠다.[14] 오히려 우리는 지성이 무한 지성을 의미한다는 주장의
정당성을 다음과 같이 찾을 수 있다. 유한 지성이 사유와 연장
의 속성 이외의 다른 속성들을 지각할 수 없다는 것은 분명하
다.[15] 그러나 정의 4는 사유와 연장의 속성에 한정된 정의가

---

14) 더 나아가 지성이 유한 지성일 경우에도 그 사실이 주관적 해석을 지지한다
는 보장이 있는 것은 아니다. 다만 주관적 해석의 가능성, 즉 속성들이 인
간의 유한 지성의 환상일 수 있다는 가능성만이 있을 뿐이다. 이 경우 인간
정신이 속성들을 잘못 인식할 수 있는 가능성도 있지만, 올바르게 인식할
수 있는 가능성도 있다. 스피노자에 의하면 인간 정신은 실체의 영원하고
무한한 본질에 대해 타당한 관념을 가질 수 있기 때문이다(『윤리학』 2부
정리 47). 그렇기 때문에 '지성이 유한 지성을 의미한다는 사실'로부터 '속
성들이 인간 정신의 환상이라는 사실'을 왜 당연시 해야 하는지 그 이유를
필자는 찾지 못하겠다. 유한 지성일 경우에도 객관적 해석의 여지는 여전
히 남아 있다. 따라서 지성이 유한한 인간 지성이라고 하더라도, 이러한
사실이 주관적 해석을 반드시 지지하는 것도 아니고 객관적 해석을 반박할
수 있는 것도 아니다. 주관적 해석이 그 정당성을 찾기 위해서는 정의 4에
서의 지성이 무한 지성이라는 점을 배제해야 할 뿐만 아니라, 올바른 인식
을 하는 유한 지성 즉 신의 본질에 대해 타당한 관념을 가지는 유한 지성마
저도 배제해야 한다. 이렇게 보았을 때, 주관적 해석의 정당성을 찾는 것은
무척 힘들어 보인다.

15) 스피노자에 의하면 실체는 무한한 수의 속성들을 소유하고 있으며, 그 중에

아니라, 무한하게 많은 속성 일반에 관한 정의이다. 인간의 유한 지성은 사유와 연장의 속성만을 인식할 수 있기 때문에, 무한한 수의 속성에 대한 정의가 될 수 없다. 그렇다면, 올바른 정의가 되기 위해서는 지성은 이 무한한 속성을 인식할 수 있는 신의 무한 지성이어야 한다. 그리고 이러한 사실로부터 속성들은 환상이 아니라, 실제로 존재한다는 사실이 따라나온다. 왜냐하면 신의 무한 지성은 실제로 존재하지 않는 것을 마치 존재하는 것처럼 잘못 인식하는 경우가 없기 때문이다.[16] 이렇게 보았을 때 지성이 왜 유한 지성만을 의미하는지 이유를 제공하지 못하는 한 주관적 해석은 정당화될 수 없으며, 따라서 우리는 객관적 해석이 주관적 해석보다 더 설득력이 있는 것이라고 결론내릴 수 있다.

2장을 마무리하며

지금까지의 논의를 간략하게 요약해보자. 스피노자의 속성 개념을 올바르게 이해하기 위해서 가장 문제가 되는 것은 속성의 실재성에 대한 물음이다. 이 물음에 대한 답은 속성의 비실

서 우리 인간이 인식할 수 있는 속성은 사유와 연장 뿐이다.
16) 무한 지성이 오류를 범할 수 없다는 사실은 주관론자들의 주장을 비판하는 데 일반적으로 사용되고 있다.

재성을 주장하는 주관적 해석과 속성의 실재성을 인정하는 객관적 해석으로 구분된다. 두 해석은 조화될 수 없는 서로 모순된 해석이기 때문에 우리는 하나의 해석만을 스피노자의 속성 개념으로 인정해야 한다. 이 글에서 필자는 속성 개념과 관련된 스피노자의 진술들을 중심으로 이 두 해석을 고찰함으로써 속성의 실재성 여부에 대한 스피노자의 입장을 밝히고자 하였다.

주관적 해석과 객관적 해석이 논란의 대상이 되는 이유는 정의 4가 명확하게 속성을 설명해 주지 않기 때문이다. 정의 4는 속성들이 지성 안에 존재하는지 아니면 지성 밖에 존재하는지에 대해서 직접적으로 말해주지 않는다. 또한 지성이 유한 지성인지 무한 지성인지도 정의 4에서는 언급되어 있지 않다. 그렇기 때문에 우리는 주관적 해석과 객관적 해석의 문제를 스피노자의 다른 진술들의 도움을 받아서 해결할 수밖에 없다.

정의 4를 스피노자의 다른 텍스트들과 연관시켜 보았을 때, 주관적 해석보다는 객관적 해석이 더 타당하다는 것을 다음과 같은 방식에서 알 수 있다. (1) 정의 4에서의 '지성'이라는 용어는 유한 지성이 될 수 없다. 왜냐하면 스피노자는 무한히 많은 수의 속성들을 주장하는데(『윤리학』 1부 정의 6; 1부 정리 11), 유한 지성은 그것들을 모두 인식할 수 없기 때문이다(서신 64편) ; (2) 무한 지성은 조금도 실수를 범하지 않는다. 즉 무한 지성이 가지고 있는 모든 관념은 참된 관념이다(『윤리학』 2부 정리 32) ; (3) 속성들은 무한 지성에 의해서 인식된다. 그러므로 속성들은 실제로 존재하며, 서로 독립되어 있다.[17] 이러한 방식에서 객관적 해석은 주관적 해석과는 달리 텍스트들의 후원을 받고 있다. 따라서 객관적 해석은 명백한 해석이라고 할 수 있다.

그렇지만, 앞에서 보았듯이 객관적 해석은 '일(一)과 다(多)'의 문제를 가지고 있다. 속성들이 객관적으로 실재하는 것으로 간주된다면, 많은 속성들이 하나 뿐인 실체의 본질을 구성하는 것은 문제가 있다. 즉 하나의 분할될 수 없는 실체가 진정한 실재성을 가진 많은 속성들을 가진다는 것은 쉽게 이해될 수 있는 사실이 아니다. 이에 대해 속성들의 총합을 실체와 동일시함으로써 문제를 해결하려는 시도도 있었고, 속성들이 서로 독립된 실재성을 가지지만 실체의 본질을 실제로 구성하지는 않는다는 제안도 있었다. 그러나 전자의 경우는 실체가 단순하며 나누어질 수 없다는 스피노자의 진술과 모순되며, 후자의 경우는 실체의 본질을 구성하지 않는 속성을 구성하는 것처럼 잘못 인식했다는 주장이 되므로 주관적 해석에 대한 비판이 그

---

17) 객관적 해석을 지지하기 위해 델라헌티는 자신과 다른 해석자들에 의해서 지적된 10가지 사실을 알려주고 있으나, 이것들의 대부분은 위의 (1)과 (2)를 증명하는 것과 관련되어 있다. (R. J. Delahunty, *Spinoza*, [London: Routledge & Kegan Paul, 1985], 116-117쪽)

대로 적용된다. 이처럼 '일(一)과 다(多)'의 문제는 객관적 해석에서 아직까지 해결되지 않은 장애물로 남아 있다. 이 문제 이외에 객관적 해석이 해결해야 할 또 다른 중요한 문제가 있다. 스피노자는 정의 4에서 속성들을 "지성이 실체에 관하여 지각하는 것"이라는 구절로 소개하고 있다. 객관적 해석은 이 구절이 의미하는 바가 무엇인지를 설명해야 하는 어려움을 안고 있다. 앞에서 보았듯이 주관적 해석은 속성의 비실재성에 대한 스피노자의 표현으로 이 구절을 이해한다. 그러나 객관적 해석은 이 구절에 그다지 중요성을 두고 있지 않다. 그러나 이 구절에 중요한 의미가 없었다면, 스피노자는 이 구절을 적어 넣지 않았을 것이다. 이 구절은 속성에 대한 기존의 정의에는 없는 생소한 구절이다. 따라서 이것은 스피노자의 속성 개념이 다른 일반적인 속성개념과 구별되는 점을 알려주는 중요한 구절이라고 할 수 있다. 그러나 객관적 해석은 이 구절을 애써 무시하려고 한다. 왜냐하면 객관적 해석의 전제 하에서 이 구절의 의미를 설명하는 것은 쉽지 않기 때문이다. 이렇게 객관적 해석은 해결하기 어려운 문제점들을 지니고 있다.

그렇지만 우리는 이러한 문제점들 때문에 주관적 해석을 지지하려고 해서는 안 된다. 객관적 해석은 앞에서 보았듯이 텍스트의 후원을 받고 있는 스피노자의 속성 개념에 대한 올바른 해석이다. 그러나 객관적 해석이 정당성을 완전히 얻기 위해서는 위의 문제들을 해결해야 할 것이다. 또한 위의 문제들은 스피노자의 이론을 모순 없는 이론으로 설명하기 위해 객관적 해석이 풀어야 할 과제이다. 따라서 이것은 필자에게도 풀어야 할 과제이다. 다음 장에서 우리는 스피노자의 속성개념에 대한 탐험을 통해서 이 난해하고 오래된 문제가 해결될 수 있는 하나의 길을 보게 될 것이다.

제3장

하나의 실체와 다수의 속성들

I. 베넷의 객관적 해석

II. 문제 해결을 위한 제안

하나의 실체와 다수의 속성들

우리는 앞 장에서 하저로트 이후, 객관적 해석은 스피노자의 속성개념에 대한 명백한 해석으로 인정되고 있다는 점을 보았다. 또한 오늘날 스피노자 연구가들에게는 이미 객관적 해석이 상식이라는 점도 보았다. 한편 객관적 해석이 스피노자의 체계와 완전히 조화되기 위해서는 몇 가지 장애물들이 있다는 것도 보았다. 이것들은 주관적 해석자들이 비판해 온 문제이기도 하지만, 객관적 해석자들 자신도 인식하고 있는 문제이기도 하다. 그 문제를 다시 제기해 보자.

(1) 만약 속성들이 객관적으로 실재하는 것으로 간주된다면, 어떻게 많은 속성들이 하나뿐인 실체의 본질을 구성할 수 있는가? 즉 하나의 분할될 수 없는 실체가 진정한 실재성을 가진 많은 속성들을 어떻게 본질로 가질 수 있는가? 이렇게 객관적 해석은 '실체의 단순성과 속성들의 다수성'이

라는 문제에 직면한다. 객관적 해석이 주장하듯이 각각의 속성들이 실재성을 소유하고 서로 독립되어 있다면, 그것은 실체가 구분될 수 없다는 스피노자의 주장과 모순된다.

(2) 속성에 대한 스피노자의 정의는 "속성이란 실체의 본질을 구성하는 것으로서 지성이 실체에 관하여 지각하는 것이다"(『윤리학』 1부 정의 4)이다. 여기서 "지성이 … 지각하는 것"이라는 구절의 의미를 어떻게 설명할 것인가? 객관적 해석의 전제 하에서 이 구절을 설명하는 것은 매우 어려운 과제이기 때문에 객관주의자들은 이 구절에 별다른 중요성을 부여하지 않으려는 경향이 있다. 그러나 이 구절에 어떤 분명한 의미가 없다면 스피노자는 이 구절을 적어 넣지 않았을 것이다. 이처럼 객관적 해석은 이 구절이 삽입된 이유와 그 의미를 설명해야 하는 어려움을 안고 있다.

앞 장에서 보았듯이, 주관적 해석에서는 사유와 연장의 속성들이 우리 인간의 유한 지성 안에만 존재할 뿐이고 객관적 실재성을 가지고 있지 않다. 그렇기 때문에 두 개의 속성들이 하나의 실체를 구성한다고 주장하는 데 아무런 문제점이 없게 된다. 또한 '지성이 … 지각하는 것'이라는 구절에 대해 주관적 해석은 다음과 같은 설명을 가지고 있다. 그 구절을 통해 스피노자는 속성들이란 인식 주체와의 관계를 표현하는 것이고, 본질적으로 실재성을 지니고 있지 않는 사유의 주관적인 양상일 뿐이라는 점을 강조하고자 했다는 것이다. 이렇게 주관적 해석은 이 구절을 '속성은 인간의 지성 안에만 있는 것'이라는 자신들의 주장에 대한 강력한 근거로 내세운다. 사실상 주관적 해석은 스피노자의 속성개념에서 해결하기 어려운 이 두 문제를 명쾌하게 설명할 수 있다는 점에서 상당히 매력적이다. 그러나 주관적 해석은 속성들의 비실재성을 주장함으로써 물체와 정신의 실재성마저도 잃게 만든다. 주관적 해석이 위의 두 문제를 해결해 주기는 하지만, 그 대가로 잃는 것이 너무 크다고 하겠다. 몇 개의 문제점을 해결해 줄 수 있다는 편의 때문에 우리는 텍스트에서 근거가 빈약한 해석을 스피노자의 입장으로 받아들여서는 안 된다. 반면에 객관적 해석은 텍스트의 후원을 받고 있는 스피노자의 속성 개념에 대한 올바른 해석이다.

객관적 해석자들에게 남은 과제는 위에서 제기된 두 문제점을 해결하는 것이다. 그렇게 되면 객관적 해석은 스피노자의 체계와 완전히 조화를 이루게 될 뿐만 아니라, 그의 형이상학의 다른 부분들에 대해 올바른 관점을 제시해 줄 수 있게 된다. 이제까지 이 문제를 해결하기 위해 몇몇 시도들이 있어 왔지만, 거의 동의를 얻어내지 못하고 있다. 따라서 이 절에서 필자는 이 문제를 해결하기 위한 시도를 해보고자 한다.

I. 베넷의 객관적 해석

베넷(J. Bennett)은 스피노자의 속성개념에 대해 새로운 객관적 해석을 내놓았다. 그는 스피노자의 철학을 매우 독특하게 해석하는 연구가로서 다른 연구가들의 관심과 비판을 동시에 받고 있는 해석자이다. 베넷의 해석은 독특성과 더불어 통찰력이 있는 부분들이 있기 때문에 속성개념에 대한 그의 흥미로운 해석을 살펴보는 것은 의미있는 일이다. 그의 해석의 핵심적인 내용들은 다음과 같다. (1)속성들은 실재한다. (2)각각의 속성들은 독립성을 가지고 있으며 실제로 서로 구분된다. (3)그러나 속성들은 실체의 본질을 실제로 구성하는 것은 아니다.[1] 이 가운데 (1)과 (2)은 베넷의 해석이 다른 객관적 해석과 공유하고 있는 점이다. 그러나 (3)은 다른 객관적 해석과는 상반되는 주장으로써 그의 해석이 다른 해석과 구분되는 점이다.

그러나 (3)번이 스피노자의 입장과 조화를 이룰 수 있을지 의문스럽다. 왜냐하면 "속성이란 실체의 본질을 구성하는 것으

---

1) Jonathan Bennett, *A Study of Spinoza's Ethics* (London: Cambridge University Press, 1984), 147쪽.

로서 지성이 실체에 관하여 지각하는 것이다"(『윤리학』1부 정의 4)라는 스피노자의 정의를 "한 사물이 더 많은 실재성이나 존재를 소유하면 할수록 더 많은 속성들이 그것에 속하게 된다"(『윤리학』1부 정리 9)는 진술과 연관지어 본다면, 우리는 속성들이 실체의 본질을 실제로 구성한다는 사실을 인정할 수밖에 없게 된다. 이러한 원문상의 근거에 불구하고 베넷은 속성이 실체의 본질을 구성한다는 사실을 부정하려고 애쓴다. 이에 대한 그의 입장을 정리하면 다음과 같다.

(1) 라틴어 'constituere'가 언제나 '구성한다'(make up)는 말을 의미하는 것은 아니다. 베넷은 라틴어 사전에서 'constituere'란 단어가 '고정시키다'(fix), '규정짓다'(define), '결정하다'(determine), '배열시키다'(arrange)라는 뜻을 가지고 있다는 점을 강조한다. 따라서 우리는 스피노자의 진술들에서 이 단어가 꼭 '구성한다'(make up)는 말을 의미하는 것으로 이해할 필요가 없다.[2]

(2) '지성이 … 지각하는 것'이라는 구절에 대한 베넷의 설명은 다음과 같다. 스피노자가 이 구절을 통해 '지성이 실수를 범하고 있다는 점'을 알려주고자 한다는 것이다. '속성들이

---

2) 같은 책, 65쪽.

실체의 본질을 구성하고 있다고 지성이 착각한 것일 뿐 실제로는 구성하는 것이 아니라는 점'을 지적하기 위해서 스피노자가 이 구절을 적어 넣었다는 것이다. 그렇기 때문에 그는 속성들을 실체의 근본적인 특성으로 간주해서는 안 된다고 주장한다. 베넷의 스피노자에게는 속성들이란 실체의 본질을 '구성하는' 것이 아니라, 실체의 본질을 '규정하고', '결정하고', 또는 '고정시키는' 것이 된다.[3]

베넷은 이러한 자신의 해석이 객관적 해석이면서도 '일(一)과 다(多)'의 문제를 해결하고 있다는 점을 내세우면서 오랫동안 있어왔던 스피노자의 속성개념에 대한 논쟁이 본인의 해석에서 마무리될 수 있다고 자신한다. 위의 해석에서처럼 속성이 실체의 본질을 실제로 구성하는 것이 아니라면 '다수의 속성이 어떻게 하나의 실체를 구성하느냐'의 문제는 제기될 수조차 없게 된다. 또한 '지성이 … 지각하는 것'이라는 구절이 '구성하지 않는 것을 구성하는 것으로 잘못 지각하는 지성의 실수'를 의미하는 구절이라면, 두 번째 문제점도 자연히 소멸된다. 그러나 이러한 큰 장점에도 불구하고 그의 해석을 스피노자의 입장이라고 간주하기에는 다음과 같은 이유에서 무리가 있다.

---

3) 같은 책, 146-147쪽.

　주관주의자인 울프슨은 지성을 유한 지성으로 국한시켜서 속성들을 인간의 유한 지성의 환영이나 고안물로 간주하면서 그 실재성을 부정한다. 즉 속성의 실재성은 지성이 착각한 결과물일 뿐이다. 이에 대해 객관적 해석은 정의 4에서의 '지성'이 무한 지성이고, 또한 무한 지성은 절대로 실수를 범하지 않는다는 점을 내세워 무한 지성이 지각한 속성들의 실재성을 인정하고 있는 것을 우리는 이미 보았다. 객관적 해석은 이러한 토대 위에서 주관적 해석을 비판하는데, 베넷의 해석 역시 이러한 비판에서 벗어날 수 없다. 주관주의자들처럼 속성들을 인간 지성의 환영으로 보지 않고, 속성들의 실재성과 독립성을 인정한다는 점까지는 그의 해석에 아무런 무리가 없다. 그러나 속성들이 실체의 본질을 '구성한다'는 사실을 지성의 환영이나 착각으로 간주한다는 점에서 문제가 발생한다. 베넷 역시 이러한 문제를 인식하고 있었다. 그는 "그러나 울프슨의 해석에 겨냥해 있었던 화포는 나의 해석에 폭넓게 발포될 것이다. 자연[실체]은 실제로 연장과 사유를 가지고 있고, 그것들은 실제로 서로 별개의 것이다. 그러나 어떤 지성도 속성들을 실체의 근본적인 특성들[본질들]로 지각하는 것이 틀림없음에도 불구하고, 속성들은 근본적인 특성들이 아니라는 것이 나의 입장이다"라고 진술하고 있다.[4] 그리고 그는 예상되는 발포에 대해 아무런 방어도 하지 않는다. 오랫동안 해결하지 못했던 '일(一)

과 다(多)의 문제와 '지성이 … 지각하는 것'의 문제를 자신이 객관적 해석을 고수하면서 해결했다면 그 정도의 난점은 감수해도 된다는 것이 그의 생각이었던 같다.

그러나 베넷은 울프슨보다 더 심각한 상황에 처해 있다. 베넷의 문제는 정의 4에서의 '지성'이라는 용어를 어떤 지성에도, 즉 유한 지성뿐만 아니라 무한 지성에까지 적용시키고 있는 것에서부터 발단된다.5) 스피노자에게 "모든 관념은 그것들이 신에게 관계하는 한 참된 관념"(『윤리학』 2부 정리 32)이다. 그렇기 때문에 실체 즉 신은 자신의 본질에 대해 어떤 실수를 범할 수가 없다. 그러나 베넷은 사유와 연장의 속성이 실제로는 실체의 근본적인 특성들이 아님에도 불구하고 실체의 무한 지성은 그것들을 근본적인 특성이라고 잘못 지각한다고 주장한다. 따라서 신은 스피노자의 진술(위의 정리 32)과는 모순되게 잘못된 관념을 가지게 되는 것이다.

베넷의 해석은 실체의 본질을 구성하지 않는 속성을 구성하는 것처럼 심지어 무한 지성마저도 잘못 인식했다는 주장이 되므로 주관적 해석보다 더 심각한 비판이 적용된다. 울프슨은 지성을 인간의 유한 지성에 국한시키기 때문에 '무한 지성의

---

4) 같은 책, 147쪽.
5) 객관주의자인 베넷은 '지성'을 '무한 지성'에까지 적용시킬 수밖에 없다. 왜냐하면 무한 지성의 전제는 객관적 해석에서 필수적인 조건이기 때문이다.

오류 가능성'에 대한 비판은 모면하게 된다. 적어도 그는 베넷처럼 신이 자신의 본질에 대해 실수를 저지른다는 모순된 입장을 가지지 않아도 된다. 물론 베넷이 '하나의 실체와 다수의 속성'의 문제를 속성들이 실체의 본질을 구성한다는 점을 부정하는 데에서 문제의 해결점을 찾으려 했다는 것은 하나의 통찰력 있는 시도이다. 그러나 이를 위해 무한 지성의 오류가능성까지 인정한 것은 너무 멀리 나아갔고, 그 결과 주관적 해석보다 더 어려운 곤경에 빠지게 된 것이다.

게다가 그의 해석에는 다음과 같은 심각한 문제점이 하나 더 제기된다. 속성들이 실제로는 실체의 기본적인 특성들이 아니라는 점을 스피노자(또는 베넷)는 어떻게 알 수 있었는가? 왜냐하면 베넷의 해석에서는 스피노자에게(또한 그 어느 누구에게도) 속성들은 근본적인 특성들로만 인식되기 때문이다. 이러한 상황은 심지어 신의 무한 지성에게도 마찬가지이다. 속성들을 근본적인 특성들로 지각함과 동시에 근본적인 특성들이 실제로는 아니라고 인식하는 것은 누구에게도 가능한 일이 아니다. 따라서 베넷의 입장은 마치 다음과 같다. "그것은 진리이지만 아무도 알 수 없다." 그렇다면 베넷 또는 스피노자는 어떻게 알 수 있었을까? 이러한 사실들로 미루어 볼 때, 우리는 베넷의 해석이 객관적 해석의 문제를 해결하기에는 충분하지 않다고 결론 내릴 수 있다. 이처럼 '일(一)과 다(多)'의 문제는 객관적 해석에서 여전히 해결되지 않은 장애물로 남아 있다.

II. 문제 해결을 위한 제안

1. 하나의 실체와 다수의 속성들

객관적 해석의 문제점을 해결하기 위해 실체, 본질, 속성의 관계를 조사하는 것은 꼭 필요한 작업이다. 이러한 작업은 우리에게 '일(一)과 다(多)'의 문제를 해결할 수 있는 토대를 제공해 줄 것이다. 이들의 관계에 대해 우리는 다음과 같은 경우의 수를 생각해 볼 수 있다.

(i) 실체, 본질, 속성이 모두 서로 동일하다.

(ii) 실체와 속성은 동일하지만, 본질은 그것들 중 어느 것과도 동일하지 않다

(iii) 실체, 본질, 속성이 전혀 동일하지 않다.

(iv) 실체는 본질이나 속성과도 동일하지 않다. 그러나 본질과 속성은 서로 동일하다.

(v) 속성은 실체나 본질과도 동일하지 않다. 그러나 실체와 본질은 서로 동일하다.

어느 것이 스피노자의 입장인지를 결정하기 위해, 속성 개념

과 관련된 스피노자의 이론들 가운데 거의 모든 해석자들이 동의하는 확고한 이론에서부터 출발하고자 한다. 그것은 다음과 같다.

(1) 실체 일원론: 오직 하나의 유일한 실체만이 존재한다.
(2) 속성 다원론: 무한하게 많은 수의 각각 독립된 속성들이 존재한다.

실체, 본질, 속성의 관계는 여전히 논쟁거리이지만, 위의 두 이론은 의문의 여지없이 스피노자의 학설로 인정되고 있다. 우선 실체 일원론과 속성 다원론은 (i)과 (ii)를 스피노자의 입장에서 배제시킨다. (i)의 경우처럼 실체, 본질, 속성이 모두 서로 동일하다면, 실체 일원론에 의해서 본질의 수가 단지 하나로 한정되고, 속성 다원론에 의하면 다수의 본질이 인정된다. 이처럼 본질이 실체뿐만 아니라 속성과도 동일하다면, 본질의 수는 자기모순이 된다. (ii)의 경우는 실체와 속성은 동일하지만, 본질은 그것들 중 어느 것과도 동일하지 않다는 것이다. 이 경우에도 실체와 속성의 숫자가 서로 양립될 수 없다는 문제가 여전히 남아 있다. 따라서 이 역시 배제해야 한다. 이렇게 실체 일원론과 속성 다원론에 의해서 우리는 (i)과 (ii)를 배제시킬 수 있다.

다른 3가지 경우를 조사하기에 앞서, 스피노자의 본질 개념을 조사해 보는 것은 문제 해결에 상당히 도움을 줄 것이다. 이러한 작업은 우리가 본질들의 수를 결정할 수 있게 함으로써, 실체와 본질과 속성 간의 관계에 대해 더 정확한 이해에 다다르게 할 것이다. 본질개념에 대한 스피노자의 진술은 다음과 같다.

어떤 것의 본질이란, 그것이 주어지면 그 어떤 것이 필연적으로 정립되고, 그것이 제거되면 그 어떤 것이 필연적으로 소멸하게 되는 것을 말한다. 다시 말하면, 그것이 없으면 그 어떤 것이 존재할 수도 생각될 수도 없는 것, 또 반대로 그 어떤 것이 없으면 그것이 존재할 수도 생각될 수도 없는 것을 말한다. (『윤리학』2부 정의 2)

자기원인이란, 그 본질이 존재를 포함하는 것, 즉 그 본성이 존재한다고밖에 생각할 수 없는 것을 말한다. (『윤리학』1부 정의 1)

존재하지 않는다고 생각되는 것의 본질은 존재를 포함하지 않는다. (『윤리학』1부 공리 7)

실체의 본성에는 존재하는 것이 속한다. (『윤리학』1부 정리 7)
증명 : 실체는 다른 것에 의해 산출되지 않는다(정리 6에 의거). 그러므로 그것은 자기원인이다. 즉 (정의 1에 의해) 그 본질은 필연

적으로 존재를 포함한다. 바꾸어 말하면 그 본성에는 존재하는 것이 속한다. 따라서 이 정리는 증명되었다.

신 즉 그 하나하나가 영원, 무한한 본질을 표현하는 무한히 많은 속성들로 이루어진 실체는 필연적으로 존재한다. (『윤리학』1부 정리 11)

증명 : 이것을 부정하는 사람은 만일 가능하다면 신이 존재하지 않는다고 가정해보라. 그러면 (공리 7에 의해) 신의 본질에는 존재가 포함되지 않는 것으로 된다. 그러나 이것은 (정리 7에 의해) 부조리하다. 그러므로 신은 필연적으로 존재한다. 따라서 이 정리는 증명되었다.

위의 진술들로부터, 우리는 실체의 본질이 존재를 포함한다는 사실을 알 수 있고, 또한 스피노자에게 본질개념이 전통적인 개념과 다르지 않다는 것을 알 수 있다. 즉 본질이란 어떤 것의 가장 근본적인 특성이거나 또는 어떤 것을 그것이게끔 하는 것이다. 따라서 하나의 사물에는 하나의 본질만이 존재한다. 이렇게 본질이 가장 근본적인 특성인 한, 스피노자에게 하나의 실체에는 하나의 본질만이 존재해야 하고, 반대로 하나의 본질이 있으면 하나의 실체가 존재해야 한다. 이러한 의미에서 우리는 실체와 본질의 관계에서 동일성을 발견할 수 있다.

본질개념에 대한 스피노자의 이러한 관점은 첫째 우리가 실체와 본질 사이의 동일성을 부정하는 논변을 허락하지 않고, 둘째 본질을 속성들과 동일시 해서 다수의 본질을 만드는 논변을 허락하지 않는다. 이러한 주장들은 우리로 하여금 '실체와 본질은 서로 동일하지만, 속성은 실체나 본질과 어느 것과도 동일하지 않다'는 (v)의 경우를 제외하고는 다른 모든 경우들을 거부하게 한다. (i)은 두 번째 주장에 위배되고, (ii)와 (iii)은 첫 번째 주장에 위배된다. 그리고 (iv)는 두 주장 모두에 위배된다. 이렇게 실체 일원론과 속성 다원론에 의해서 우리는 (i)과 (ii)를 탈락시킬 수 있고, 또한 스피노자의 본질개념에 의해서 우리는 (i), (ii), (iii), (iv)를 모두 거부할 수 있다. 결과적으로 (v)만이 실체, 본질, 속성의 관계에 대한 올바른 이해가 된다. 따라서 우리는 스피노자의 형이상학적 체계에는 하나의 실체, 하나의 본질, 각각 독립된 다수의 속성들이 있다는 관점을 가지고, '일(一)과 다(多)'의 문제에 접근해야 할 것이다.

2. '*constituere*'의 의미

위에서 결론내린 것처럼 속성들이 본질들이 아니라면, '일(一)과 다(多)'의 문제는 자연히 해결될 수 있는 것처럼 보인다. 왜냐하면 속성들이 본질들이 아니라 일반적인 성질들이라면,

하나의 실체가 다수의 속성들을 가진다고 주장하는 것은 문제
가 되지 않기 때문이다. 그렇지만 정의 4와 관련된 스피노자의
여러 진술들은 이러한 결론을 내리는 데 장애물이 되고 있다.
문제의 진술들은 다음과 같다.

속성이란 실체의 본질을 구성하는 것으로서 지성이 실체에 관하
여 지각하는 것이다. (『윤리학』 1부 정의 4)

실체란 그 자신 속에 있고 그 자신을 통해서 생각되는 것, 즉 그
것의 개념이 다른 어떤 것의 개념도 필요로 하지 않는 것을 말한
다. 나는 속성에 의해서도 같은 것이라고 이해한다. (서신 9편)

한 사물이 더 많은 실재성이나 존재를 소유하면 할수록 더 많은
속성들이 그것에 속하게 된다. (『윤리학』 1부 정리 9)

그러므로 하나의 실체에 다수의 속성을 귀속시키는 것은 적어도
모순이 아니다. 오히려 각각의 존재는 어떤 속성 아래서 생각되어
야 하며 또한 보다 많은 실재성 또는 존재를 가질수록 필연성 또는
영원성 및 무한성을 표현하는 그만큼 많은 속성을 가진다는 사실
보다 자연에 있어서 명백한 것은 없다. (『윤리학』 1부 정리 10의
주해)

위의 진술들을 모두 고려해 보면, 실체는 많은 본질들을 소유하고 있다는 견해에 다다르게 된다. 속성이란 실체의 본질을 구성하는 것이면서 또한 속성이 실체와 같은 것으로 이해된다면, 속성은 실체의 본질로 간주된다. 그렇다면 하나의 실체에 각각 독립된 실재성을 가진 다수의 속성들이 귀속되기 때문에 실체는 다수의 본질을 가지게 된다는 주장이 성립된다. 이러한 주장은 앞에서 내린 결론에 위배될 뿐만이 아니라, 스피노자의 본질 개념과도 어긋난다. 이러한 문제는 스피노자 철학에서 속성의 지위를 명확하게 규정짓는 것이 쉽지 않기 때문에 발생한다. 이 단계에서 어떤 사람은 본질의 전통적인 의미를 무시하면 본질을 속성과 동일시하는 데 아무 문제가 없게 된다고 제안할지도 모른다. 그렇게 되면 하나의 실체에 많은 본질들(즉 속성들)을 소유하는 것이 문제가 되지 않기 때문이다. 이 경우 최소한 하나의 실체에는 하나의 본질이 있어야 한다는 학설로부터 파생되는 문제는 없을 것이다. 그렇지만 스피노자가 이러한 입장을 견지했다고 보는 것에는 상당한 무리가 따른다. 우리가 지금까지 살펴본 본질에 대한 스피노자의 진술들은 이러한 입장과 명백하게 상충되기 때문이다.

'일(一)과 다(多)'의 문제를 해결하기 위해 필자는 베넷의 도움을 받을 것을 제안한다. 우리는 속성이란 실체의 본질을 구성하는 것이라는 결론에 저항하면서 이 문제를 해결하려는 베넷의 주장들을 이미 살펴보았다. 그러나 너무 멀리까지 나아가서 스피노자의 사유의 영역을 벗어나 버린 베넷의 결론을 우리는 택하지는 않을 것이다. 필자는 앞에서 비판했듯이 그가 도달한 결론에는 동의하지 않지만, 'constituere'의 용어의 번역에 대해 베넷이 택한 루트를 한 번 주의깊게 살펴볼 필요가 있다고 생각한다.

베넷은 라틴어 'constituere'가 '결정하다'(determine), '배열하다'(arrange), '고정시키다'(fix) 등의 의미를 가지고 있다는 점을 강조하면서 스피노자에게 속성들이란 실체의 본질을 구성하는 것이 아니라 실체의 본질을 고정시키거나 특징짓는 것이라고 주장한다. 필자는 이러한 베넷의 주장에 기본적으로 동의한다. 우리가 라틴어 'constituere'를 영어 'constitute'로 번역할 때, 'constitute'는 라틴어 사전이 지시하는 모든 의미들을 가지고 있다는 사실에 주의를 기울여야 한다. 『옥스포드 영어 대사전』은 'constitute'라는 단어가 7종류의 의미를 가지고 있고 그 중의 마지막 의미가 'make up'이라고 우리에게 말해 주고 있다.[6] 요약하자면 라틴어 'constituere'는 영어에서는 'constitute'라고 번역된다. 그렇지만 라틴어에서 많은 의미가 있듯이 영어

---

6) *The Oxford English Dictionary: A New English Dictionary on Historical Principles*, vol. 2 (Oxford: The Clarendon Press, 1933/1961), 875-876쪽.

에서도 많은 의미가 있다. 그러므로 'constitute'로 번역된다고 하더라도 그 단어가 '구성한다'(make up)라는 의미를 지닌다고 보장할 수 없다. 대부분의 라틴어 사전들은 이 용어가 '구성한 다'(make up)라는 의미를 가지고 있다고 말하지 않는다.[7] 이러

---

7) 라틴어-영어 사전들에 의하면, 라틴어 'constituere'라는 용어의 문자상의 의미는 'settle', 'found', 'set up' 등이고, 변형된 의미는 'appoint', 'establish', 'decide', 'fix upon' 'set in order', 'arrange' 등이다. 이렇게 사전에서는 라틴어 *constituere*'는 'constitute'라는 단어에 대해 우리가 일반적으로 알고 있는 '구성하다'(make up)의 뜻으로는 번역되어 있지 않다. 더욱이 영어-라틴어 사전에서 'constitute'라는 단어가 'make up'을 의미할 때는 *constituere*'가 아닌 *componere* 또는 *efficere*'로 번역되어 있다. 그 단어가 *constituere*'로 번역되는 경우는 'constitute'가 'establish', 'arrange' 등을 의미할 때만이다. 문제는 스피노자의 속성 이론에 관한 논의에서 주석가들이 *constituere*'를 'constitute'로 번역할 때, 'make up'의 의미로 번역하고 사용한다는 것이다. 필자는 이 논의에 대해 다음의 사전들을 참조하였다.

D. P. Simpson (ed.), *Cassells Latin-English-Latin Dictionary*, Cassell Ltd., 1959.

J. H. Baxter and Charles Johnson (eds.), *Medieval Latin Word-List*, London: Oxford University Press, 1934.

Charlton T. Lewis and Charles Short (eds.), *A Latin Dictionary*, Oxford: Clarendon Press, 1879.

William Smith (ed.), *Latin-English Dictionary*, London, 1866.

_____, *The New Latin and English Dictionary*, 1st ed., London, 1770

Elisha Coles (1640?~1680), *A Dictionary: English-Latin and Latin-English* 9th ed., London, 1719.

Thomas Holyoake (1616?~1675), *A Large Dictionary in Three Parts.*

필자가 참고한 사전 중에 다음 한 사전은 위에서 언급한 다른 의미들과 함께 'make up'의 의미도 언급하고 있다.— P. G. W. Glare, Oxford Latin Dictionary, Oxford: The Clarendon Press, 1982.

* 독일어나 불어도 사전들을 조사해본 결과 영어와 상황이 크게 다르지

한 사실을 재확인하는 방법 중의 하나는 'constitute'라는 단어를 영어-라틴어 사전에서 찾아보는 것이다. 이 사전들은 우리에게 다음의 사실을 알려주고 있다. 영어 'constitute'가 'make up', 'form' 등과 같은 의미일 때는 *'componere'* 또는 *'efficere'*라는 라틴어로 번역된다. 반면에 'constitute'가 'establish', 'fix', 'arrange' 등을 의미할 때는 번역되는 라틴어 단어들 중 하나가 *'constituere'* 이다.8) 이러한 상황에서 스피노자가 *'constituere'* 라는 용어를 '구성한다'(make up)의 의미로 사용했을 가능성은

않다. 다음의 사전을 참조하였다.

Edwin Habel and Friedrich Groebel (eds.), *Mittellateinisches* Paderborn, Glossar 1989, 82쪽.

Heinrich Gtz, Lateinisch-Althochdeutsch-Neuhochdeutsches Berlin, Wörterbuch 1999, 141-142쪽. Karl Ernst Georges, Ausfhrliches lateinische-deutsches, 1권 Hannovern, Handwörterbuch 1976, 1554-1559쪽.

P. Franc. Wagner, *Lexocon Latinum*, Ridgewood 1965, 164쪽.

8) 다음은 영어-라틴어 사전들에서 인용한 것들이다.

constitute, v. Transit. (1) = to form, make up, ***componere***, ***efficere***. (2) = **to establish**, **arrange**, *statuere*, ***constituere***, *designare*. (3) = to appoint, *creare, facere.* — D. P. Simpson (ed.), *Cassells Latin-English-Latin Dictionary* (Cassell Ltd., 1959), 681쪽.

constitute: I. **To set**, **fix**, **establish** : **consitituo**, statuo, instituo, ordino, designo : see TO ARRANGE, APPOINT. II. **To form or compose (the essence of a thing) : compono, conficio** : V. To COMPOSE.. III. *To appoint* : 1. lego, I : to appoint *as a deputy* : V. TO DEPUTE. 2. Creo, facio : of *elections* : V. TO ELECT. — William Smith (ed.), *A Copious and Critical English-Latin Dictionary* (London, 1870), 151쪽. (강조는 필자)

거의 없다고 하겠다.

필자는 '일(一)과 다(多)'의 문제의 발단은 스피노자의 속성 이론에 관한 논의에서 주석가들이 라틴어 '*constituere*'를 영어 'constitute'로 옮기면서 '구성한다'(make up)의 의미로 번역하고 사용했기 때문이라고 생각한다. 그래서 그들은 속성이 실체의 본질을 구성한다고 생각했고, 속성을 본질과 동일한 것으로 간주했던 것이다. 여기에서 '일(一)과 다(多)'의 문제가 발생하고, 속성의 지위가 문제시되어 왔던 것이다.[9] 그러나 지금까지 살펴보았듯이 라틴어 '*constituere*'에 대한 고찰은 이러한 문제를 자연히 소멸시킨다.

3. '지성이 지각하는 것'의 의미

우리는 앞에서 '일(一)과 다(多)'의 문제를 해결하기 위한 '속성이 실체의 본질을 구성하지 아니라 특징 짓는다'는 베넷의 주장을 보았다. 그는 그 근거로 라틴어 '*constituere*'의 의미에

---

9) 혹자는 '*constituere*'가 '구성한다'(make up)의 의미로 사용된다고 해서 꼭 동일성의 의미를 함축하지 않는다고 생각할지도 모른다. 그러나 설사 그렇다고 하더라도 여전히 문제는 해결되지 않는다. 스피노자에 의하면 실체는 불가분한 것인데, 각각의 독립된 실재성을 가진 속성들이 실체의 본질을 구성하는 것이라면 본질은 여러 속성들로 나누어지기 때문이다. 따라서 '*constituere*'를 '구성한다'(make up)의 의미로 번역하고 사용한다면 '일 (一)과 다(多)'의 문제는 해결되기 어렵다.

기준해서 설득력 있는 이유를 제시했음에도 불구하고, 얼마 후 또 하나의 근거를 내세움으로써 주관적 해석보다 더 어려운 곤경에 처하는 것을 보았다. 그것은 다름아닌 '지성이 … 지각하는 것'이라는 구절이다. 더구나 이 두 가지 근거는 서로 양립하기 어려운 점이 있다. 첫 번째 근거에 의해서 우리는 'constituere'를 '구성한다'가 아니라 '특징지운다' 또는 '고정시킨다' 등의 의미로 번역하고 사용해야 한다. 그리고 두 번째 근거에 의해서 우리는 이것을 지성의 착각이라고 주장해야 한다. 그렇다면 '속성이 실체의 본질을 실제로는 특징지우는 것은 아니다'라는 결론이 나오고, 이는 베넷 자신의 주장과 상반된다. 문제점들이 발생함에도 불구하고 베넷이 두 번째 근거를 주장했던 이유는 그 구절에 의해 자신의 주장을 강화하는 것은 물론이고, 그것의 의미를 설명함으로써 객관적 해석의 문제들에 대해 본인이 시사하듯이 완전한 해결점을 제시하고 싶었기 때문이었을 것이다. 그러나 베넷은 그 구절을 지성의 착각이나 환상으로 설명해서는 안 된다는 점을 확실하게 보여주고 있다.

"속성이란 실체의 본질을 구성하는 것으로서 지성이 실체에 관하여 지각하는 것이다"(『윤리학』 1부 정의 4). 왜 스피노자는 '지성이 … 지각하는 것'이라는 구절을 속성에 대한 그의 정의에 삽입했을까? 그 구절에 의해서 스피노자가 무엇을 속성의 개념에 귀속시키고자 했는가? 지성이 무한 지성이든 유한 지성이든, 스피노자에게 지성의 인식은 표현과 관련이 있어 보인다. 그는 '지성이 어떤 것을 그렇게 지각한다'는 말을 '어떤 것이 그렇게 표현된다'라고 바꾸어 말할 수 있다고 생각한 것 같다. 우리는 다음의 스피노자의 진술에서 이러한 점을 추론해 볼 수가 있다.

> 실체란 그 자신 속에 있고 그 자신을 통해서 생각되는 것, 즉 그것의 개념이 다른 어떤 것의 개념도 필요로 하지 않는 것을 말한다. 나는 속성에 의해서도 같은 것이라고 이해한다. 여기에서 이러저러한 특성들이 실체에 있다고 생각하는 속성 즉 지성과 관련된 속성은 제외된다. (서신 9편)

이 인용문의 마지막 구절은 정의 4의 내용을 조금 더 구체적으로 설명해주고 있다. 속성이란 '지성이 … 지각하는 것'이라는 구절의 의미를 우리는 속성이란 '지성이 이러저러한 특성들을 실체에 속하게 하는 것'이라고 이해할 수 있다. 그리고 이 말은 '실체를 그러한 특성들이라고 표현한다'라는 말로 바꾸어 써도 무방하다. 이처럼 '지성이 … 지각하는 것'이라는 구절을 '표현한다'라는 말과 같은 맥락으로 이해할 수 있다.

스피노자는 『윤리학』 1부 정리 19와 정리 20에 대해 증명할 때 정의 4를 사용한다. 그리고 그는 거기에서 정의 4가 바로

'표현'의 개념과 관련되어 있다는 것을 우리에게 알려주고 있다. 그는 정의 4를 인용하면서 '지성이 구성하는 것으로서 지각한다'라는 구절이 들어가야 할 바로 그 장소에 '표현한다'(exprimo) 또는 '설명한다'(explico)라는 용어를 사용한다. 다음은 그 증거가 되는 원문들이다.

다음으로 신의 속성이란 신적인 실체의 본질을 **표현하는** 것으로(**정의 4에 의거**) 즉 실체에 속하는 것으로 이해되어야 한다. 따라서 실체에 속한 것은 속성 자체 속에 포함되어 있어야만 한다. 그런데 실체의 본성에는 (이미 정리 7에서 증명한 바와 같이) 영원성이 포함되어 있다. 그러므로 각각의 속성은 영원성을 지니고 있지 않으면 안된다. 따라서 모든 속성은 영원하다. 이렇게 이 정리는 증명되었다. (『윤리학』 1부 정리 19에 대한 증명; 강조는 필자)

신과 신의 모든 속성은 영원하다. 바꾸어 말하면 (정리 8에 의해) 신의 각각의 속성은 존재를 표현한다. 그러므로 신의 영원한 본질을 **설명하는** 속성(**정의 4에 의거**)이 동시에 신의 영원한 존재를 나타낸다. 즉 신의 본질을 구성하는 것은 동시에 그 존재를 구성한다. 따라서 신의 존재와 본질은 동일하다. 이렇게 이 정리는 증명되었다. (『윤리학』 1부 정리 20에 대한 증명; 강조는 필자)

위의 진술들에서 인용된 정의 4를 통해 우리는 속성에 대한 스피노자의 정의에 왜 "지성이 … 인식하는 것"이라는 구절이 있는가를 알 수 있다. 그 구절의 의미는 다름 아닌 속성이란 실체의 본질을 '표현하는 것'이라는 점이다. 이것은 스피노자가 『윤리학』 전반을 통해 속성 개념과 관련하여 '구성한다'(*constituere*)라는 용어보다 '표현한다'(*exprimo*)라는 용어를 더 많이 사용한다는 점에서 뒷받침될 수 있다. 속성 개념에 대한 스피노자의 관점은 '실체의 본질을 표현하는 무한한 방식'이 있다는 것이고, 그 무한한 방식들이 바로 무한한 속성이라는 것이다. 즉 속성들이란 자신의 방식에서 실체의 본질을 각각 다르게 표현하는 것이다.

4. 모든 속성들에게 구조적으로 공통적인 것

우리에게 아직까지 해결해야 할 문제가 하나 남아 있다. 스피노자는 때때로 실체와 속성을 동일시하는 진술들 예를 들어 "속성에 의해서도 나는 같은 것을 이해한다"을 하는데, 이것을 어떻게 해석하느냐의 문제이다. 이 점에 대해서 몇몇 제안들이 있어 왔다. 주관적 해석은 그것을 해결하기 위한 방편이었지만, 오히려 다른 큰 문제를 야기시킨다는 것을 우리는 보았다. 컬리는 스피노자가 실체를 하나의 속성과 동일시 한 것이 아니

라, 전체 속성들과 동일시 한 것이라고 주장한다.[10] 울프 역시
실체는 속성들의 총합으로 간주해야 한다는 관점을 가지고 있
다.[11] 이 경우 실체와 속성의 동일시로 인한 다수의 실체의 문
제는 발생하지 않는다. 하지만 속성들의 총합을 실체의 본질과
동일시한다면 실체의 본질은 분할이 가능하게 되고, 이는 실체
는 불가분하다는 스피노자의 진술(『윤리학』1부 정리 13)과 모
순된다. 그렇다면 우리는 스피노자가 각각의 속성들 자체를 실
체와 동일시했다고 이해해야 한다.

　필자는 스피노자에게 실체 또는 실체의 본질이 속성들을 초
월해서 존재하는 것은 아니라고 생각한다. 속성이란 지성이 실
체의 본질을 구성하는 것으로 지각하는 것이라면 (그리고 베넷
처럼 잘못 지각하는 것이 아니라면) 실체의 본질은 속성들을
넘어서 존재하는 것이 아니라 속성들과의 관계에서 존재한다
고 할 수 있다. 우리는 이 점을 염두에 두고 본질와 속성의 관
계를 고찰해야 한다.

　동일한 하나의 것들을 표현하는 각각의 방식에는 구조적으
로 공통적인 것이 있다. 속성들은 동일한 하나의 실체(즉 실체

---

10) Edwin Curley, *Behind the Geometrical Method: A Reading of Spinozas Ethics* (Princeton: Princeton University Press, 1984), 28쪽.

11) A. Wolf, "Spinoza's Conception of the Attribute of Substance," in S. Paul Kashap (ed.), *Studies in Spinoza: Critical and Interpretive Essays* (Berkeley: University of California Press, 1972), 17쪽.

의 본질)를 구성하고 표현하기 때문에 모든 속성들에게 구조적으로 공통된 어떤 것이 있음이 틀림없다. 그리고 이 공통적인 것을 다름 아닌 실체의 본질로 이해하면 우리는 왜 스피노자가 실체가 아닌 각각의 속성들을 한편으로는 실체와 동일한 것으로 진술하는지 그 이유를 알 수 있게 된다. 모든 속성들에게 구조적으로 공통적인 것이 실체의 본질이고, 각각의 속성에 구조적으로 공통된 것, 즉 본질이 있다면 우리는 각각의 속성들 하나하나가 실체와 동일하다고 말할 수 있을 것이다.[12] 이것은 다음과 같은 유비로 이해될 수 있다. 분수 1/2, 2/4, 3/6, 4/8, 5/10 … 등은 동일한 유리수를 각각 다르게 표현한 것이다. 하나의 동일한 유리수는 이렇게 무한한 다른 방식들에서 표현될 수 있다. 그런데 예를 들어 4/8과 5/10은 동일한 유리수를 표현하는 방식들은 각각 다르지만, 구조적으로 공통적인 것을 가지고 있다. 그리고 그 공통적인 것은 다름 아닌 그것들이 표현하고 있는 동일한 유리수의 본질이다.

실체의 본질과 각각의 속성들과의 관계를 이해하기 위해 필

---

12) 스피노자는 '속성이 **실체의 본질**을 구성하고 표현한다'고 진술하지만, 때로는 '속성이 **실체**를 구성하고 표현한다'고 진술하기도 한다. 그러나 우리는 두 진술을 같은 의미로 이해해야 한다. Alan Donagan이 지적하듯이 후자의 진술은 '본질'이라는 용어가 자연스럽게 생략된 것으로 보아야 한다 (A Note on Spinoza, *Ethics*, I, 10, *Philosophical Review*, vol. 75 [1966], 381쪽).

자는 한 가지 유비를 더 들고자 한다. 하나의 곡을 가정해보자. 이 곡은 피아노로 연주할 수 있고, 콧노래로 흥얼거릴 수 있고, 휘파람으로 불 수도 있고, 악보에 음악부호로 적을 수 있고, 또한 자성을 통해 녹음 테이프에 고정시킬 수도 있다. 그외에도 무수히 많은 방법들이 있을 것이다. 이 모든 매체가 동일한 곡을 표현하고 있다는 것은 분명하다. 실체의 본질과 속성의 관계를 이 곡에 적용해 보면 다음과 같다. 이 곡을 표현하는 무한히 많은 방식들이 존재한다. 곡의 본질은 이 모든 방식들에게 구조적으로 공통적인 것이다. 그러나 표현 방식 자체는 본질이 아니다. 각 방식들은 모두 똑같은 곡을 공통적인 구조를 가지고 표현하고 있기 때문에 동일하다고 할 수 있다. 하지만 그것들은 곡을 표현하는 자신들만의 고유한 방식을 가지고 있다는 점에서 또한 서로 다르다. 만일 누군가에게 "그가 어떤 곡을 불렀지?"라고 묻는다면, 그가 부른 곡은 여러 방식에서 제시될 수 있다. 이 경우 콧노래, 음악부호로 적는 것, 휘파람 등등의 차이점들은 문제가 되지 않는다. 그것들은 모두 그 곡을 나타내기 때문이다. 여기에서 우리는 곡을 실체로 이해할 수 있고, 이 곡을 표현하는 무한히 많은 방식들을 속성들로 이해할 수 있다. 그리고 곡의 본질은 이 모든 방식들에게 구조적으로 공통적인 것이다.

앞에서 보았듯이, 베넷의 해석에서 본질은 속성들을 초월해서 있고, 신조차도 잘못 인식하기 때문에 본질에 대해 어떤 경로로도 알 수 없다. 이와 대비해서, 필자의 해석에서 본질은 모든 속성들에게 구조적으로 공통적인 것이기 때문에 속성과의 관계를 통해서 파악될 수 있는 것이다. 우리는 곡 자체 즉 곡의 본질이 무엇인지는 말할 수 없지만, 우리가 콧노래로 부르고, 휘파람을 불고, 악보에 적고 하는 것 등으로 곡의 본질을 나타낼 수 있다. 그 곡의 본질은 콧노래나 휘파람 등을 초월해서 있는 그 무엇이 아니고, 그것들 안에 있다. 마찬가지로 우리는 실체의 본질 즉 존재가 무엇인지는 말할 수 없지만, 각각의 속성들은 실체의 본질을 자신의 방식에서 나타낸다. 이렇게 실체의 본질은 속성들을 초월해서 존재하는 것이 아니라, 속성들 안에 존재한다.

스피노자의 형이상학적 체계에서 실체의 본질을 표현하는 무한한 방식들이 있다. 그리고 이 무한한 방식들은 실체의 본질을 자신의 고유한 방식에서 표현하는 속성들을 의미한다. 그리고 이 모든 속성들에게 구조적으로 공통적인 것이 실체의 본질로 이해된다. 이러한 관점은 우리로 하여금 스피노자의 다른 진술들과 모순되지 않으면서 그의 속성개념의 문제점들을 해결할 수 있게 한다.

3장을 마무리하며

이 장에서 필자는 스피노자의 속성 개념에 대해 객관적 해석이 가지는 문제점을 해결하고자 시도하였다. 우선 스피노자에게서 일과 다의 문제는 '다수의 속성이 실체의 본질을 구성한다'는 스피노자의 진술에서 문제가 되기 때문에 그의 본질개념에 대한 고찰을 하였다. 여기에서 하나의 실체는 하나의 본질과 다수의 속성들을 소유한다는 스피노자의 입장을 확인하였다. 본질과 속성의 숫적인 차이점은 그것들의 동일성을 부정하게 하는 기반이 되었고, 이러한 관점은 속성을 실체의 본질로 간주하는 이유에 대해 검토를 하게 하였다. 그 이유는 다름 아닌 라틴어 'constituere'를 '구성한다'(make up)의 의미로 사용하기 때문이다. 속성이 실체의 본질을 구성하는 것이라면 본질과 다름이 없는 것이고, 여기에서 '일(一)과 다(多)'의 문제가 발생한다. 대부분의 라틴어 사전들은 'constituere'라는 용어가 '구성한다'(make up)의 의미가 아니라 주로 '기초세우다'(establish), '고정시키다'(fix), '배열하다'(arrange) 등을 의미한다고 알려주고 있다. 이러한 고찰은 스피노자가 그 용어를 '구성한다'(make up)의 의미로 사용했을 가능성에 대해 의문을 제기하게 하였다. 그 결과 속성을 본질과 동일한 것으로 보는 견해는 배제되었고, '일(一)과 다(多)'의 문제는 자연히 소멸되었다.

두 번째로, 정의 4의 "지성이 … 지각하는 것"이라는 구절을 해석하는 문제는 지성의 인식을 표현과 관련시킴으로써 해결할 수 있다. 즉 그 구절을 통해서 스피노자는 속성이란 '실체의 본질을 표현한다'는 점을 말하고자 했다는 것이다. 이러한 점은 그가 '지성이 … 지각하는 것'이라는 구절대신에 '표현한다'라는 말을 직접 사용했다는 점으로부터 그 근거를 찾을 수 있다. 또한 그는 많은 다른 진술들에서 속성이 실체의 본질을 '표현한다'는 점을 언급한다. 이러한 사실은 '속성의 정의에서 그가 이 점을 언급하고 있다'는 필자의 해석을 뒷받침해 주고 있다. 그러나 또 하나의 문제점은 실체와 속성을 동일시하는 스피노자의 진술들에 대한 문제이다. 이 문제는 실체 또는 실체의 본질이 속성들을 초월해서 존재하는 것이 아니라 속성들 안에 존재한다는 관점을 가지고 접근해야 한다. 각각의 모든 속성들은 동일한 실체의 본질을 표현하기 때문에 모든 속성들에게 구조적으로 공통된 어떤 것이 있다. 이 공통적인 것을 실체의 본질로 이해하면 우리는 본질과 속성을 동일시하는 스피노자의 진술들에 대해 설명할 수 있게 된다.

속성개념에 대한 해석은 정신과 신체에 관한 그의 이론과 밀접하게 연관된다. 스피노자의 심신론은 실체 일원론과 속성 이원론에 근거를 두고 있는데, 속성의 상태와 지위에 따라 그의 심신론에 대한 해석은 달라지기 때문이다. 사유와 연장이라

는 두 개의 속성이 각각 두 개의 다른 실체(정신과 물체)에 속
한다고 주장한 데까르뜨와는 달리, 스피노자는 두 속성이 하나
의 실체에 속한다는 실체 일원론을 주장함으로써 데까르뜨의
문제를 해결한 것으로 보인다. 그러나 데까르뜨의 이론에서는
없었던 다른 문제가 발생하게 된다. 그것은 실체 일원론과 속
성 이원론에서 야기되는 문제로서 '하나의 실체가 어떻게 두
개의 속성을 소유할 수 있느냐'라는 문제이다. 따라서 객관적
해석의 문제점을 해결하는 것은 철학사에서 문제시 되어왔던
실체와 속성에 관한 데까르뜨의 근본적인 문제를 스피노자식
의 실체-속성 이론으로 해결할 수 있다는 범례를 보여주는 것
이다.

　스피노자에게 정신과 신체는 어떤 때는 사유의 속성에 의해
서, 다른 때는 연장의 속성에 의해서 이해되는 동일한 개별체
이다. 즉 '하나의 개별체가 어떤 때는 사유하는 것(정신)으로,
어떤 때는 연장된 것(신체)으로 나타난다'는 것이 스피노자의
심신론의 핵심이다. 따라서 우리는 그의 심신론에서 정신과 신
체가 동일한 개별체라는 점을 설명함과 동시에 그것들의 차이
점도 설명할 수 있어야 한다. 필자가 제시한 속성 개념에 대한
해석은 이러한 설명을 가능하게 한다. 각각의 모든 속성들은
동일한 실체의 본질을 표현하고, 그래서 '모든 속성들에게 구
조적으로 공통적인 것'이 실체의 본질이라면, 우리는 사유 속

성에 의해서 표현된 양태인 정신과 연장 속성에 의해서 표현된 양태인 신체를 동일한 개별체로 설명할 수 있게 된다. 왜냐하면 정신과 신체는 동일한 본질을 소유하게 되기 때문이다. 이처럼 스피노자의 속성 개념은 각각 다른 속성을 가진 정신과 신체를 동일한 개별체로 인정하게 함으로써 데까르뜨가 고민했던 심신 간의 연합을 설립하였다. 이렇게 객관적 해석의 문제점을 해결하는 과제는 스피노자의 속성 개념에 대해 정확한 이해를 가지게 할 뿐만 아니라, 스피노자의 철학을 일관성 있게 해석할 수 있는 토대를 마련해 준다. 따라서 필자가 제안한 속성 개념에 대한 관점이 스피노자의 철학을 이해하는 데 도움을 줄 수 있기를 바란다.

제4장

양태 : 정신과 신체

I. 동일론적 해석들

II. 동일성과 인과 관계의 부정

III. 동일론과 평행론

양태 : 정신과 신체

스피노자의 심신론은 유물론, 관념론, 질료-형상론, 부수 현상론, 심신 평행론 등으로 다양하게 해석되고 있으며, 아직도 논의가 진행되고 있다. 이러한 다양한 해석들이 나오게 된 원인들 중의 하나는 그의 동일론적 진술과 평행론적 진술이다. 유물론, 관념론, 질료-형상론 등의 해석들은 동일론적 진술에 근거를 두고 이를 각각 다른 관점에서 해석하려는 일련의 시도들로서, 이 해석들은 스피노자의 평행론적 진술을 간과하거나 부정한다. 반면, 동일론적 진술을 간과하고 있는 평행론자들은 정신과 신체를 두 개의 각각 다른 실체로 인정하면서 두 실체 사이의 인과 관계를 부정한다.

그러나 스피노자의 심신론은 그의 동일론적 진술과 평행론적 진술 모두를 함축할 수 있는 이론으로 해석되어야 하며, 그 해석은 동일론과 평행론 간의 관계를 설명할 수 있는 것이어야 한다는 것이 필자의 관점이다. 이러한 관점을 가지고 스피노자의 심신론을 고찰하면 그의 평행론이 동일론에서 파생된다는 흥미로운 사실을 발견하게 된다. 스피노자 심신론의 핵심은 정신과 신체가 동일하다는 것이며, 이러한 동일성의 기반 위에서 평행론이 주장되고 있다. 따라서 스피노자의 심신론을 해석할 때 무엇보다도 중요한 것은 동일론과 평행론의 양립 가능성이다. 여기에서 다음과 같은 문제점들을 제기할 수 있다.

(1) 스피노자의 동일론이 평행론과 양립하기 위해서는 그의 동일론적 진술이 관념론적 동일론이나 유물론적 동일론이 아니라, 중립적인 동일론으로 해석되어야 한다. 왜냐하면 평행론은 정신과 신체 사이의 인과 관계를 부정할 뿐만 아니라, 양자 간의 우월성도 부정하기 때문이다. 따라서 그의 동일론을 관념론적으로 해석하거나 유물론적으로 해석하는 것은 동일론과 평행론을 조화시키는 데 큰 걸림돌이 된다.

(2) 정신과 신체가 동일하다는 스피노자의 진술은 정신과 신체 사이의 인과적 상호작용을 부정하는 자신의 평행론적 진술과 모순이 없어 보인다. 그러나 평행론이 '정신들 사이에서의 인과 관계와 신체들 사이에서의 인과 관계'를 인정한다는 사실은 '동일론적 진술'과 '인과적 상호작용을 부정하는

평행론적 진술'을 양립할 수 없는 것으로 만들어 버린다.
(3) 스피노자의 동일론이 유물론도 관념론도 아닌 평행론과 조
    화될 수 있는 중립적인 동일론이라 하더라도, 평행론과 양
    립될 수 없는 문제가 발생한다. 그것은 동일론이 정신과 신
    체의 합일을 주장하는 일원론인 반면, 평행론은 정신과 신
    체가 평행선을 그리면서 전개되는 정신과 신체의 분리를
    주장하는 이원론이라는 점이다. 여기에서 우리는 동일론과
    평행론의 양립불가능성을 보게 된다.

　이렇게 보았을 때, 우리는 동일론과 평행론 중에서 하나만을
스피노자의 이론으로 택하거나, 또는 스피노자가 양립될 수 없
는 두 개의 이론을 동시에 주장하는 자기 모순을 범했다고 이
해해야 할 것이다. 그러나 전자의 경우는 두 이론에 대한 스피
노자의 진술들이 명백하기 때문에 무리가 있고, 후자의 경우는
스피노자의 지적 능력을 너무나 과소 평가하는 것이기 때문에
역시 설득력이 없다. 이러한 결론들을 내리기 이전에 두 이론
을 조화시키려는 시도가 먼저 있어야 된다고 생각한다. 위에서
제기된 문제점들이 해결된다면, 동일론은 평행론과 양립될 수
있을 것이며, 이러한 사실은 스피노자의 심신론이 동일론적 진
술과 평행론적 진술을 함축할 수 있는 이론으로 해석되어야 한
다는 필자의 주장을 지지해 줄 수 있을 것이다.

I. 동일론적 해석들

스피노자의 심신론이 관념론적으로도 또한 유물론적으로도 해석될 수 없다면, 우리는 그의 심신론을 평행론과 양립할 수 있는 동일론으로 해석할 수 있는 토대를 마련하게 된다. 왜냐 하면 평행론은 관념론이나 유물론과 양립될 수 없는 이론이기 때문이다. 따라서 스피노자의 심신론에 대한 관념론적 해석과 유물론적 해석을 고찰해 보는 일은 그의 동일론이 평행론과 조화될 수 있는지를 알아보기 위해서 필요한 작업이다.

1. 관념론적 해석

스피노자의 심신론을 관념론적으로 해석하는 학자들은 많은 속성들 중 사유의 속성을 가장 중요한 것으로 취급한다. 그들은 사유의 속성이 연장의 속성이나 그 밖의 다른 모든 속성들에 대해서 우월하다고 주장하면서 자신들의 해석을 전개시키고 있다. 그들이 자신들의 해석에 대한 근거로 삼고 있는 것은 속성에 대한 스피노자의 정의, 즉『윤리학』1부 정의 4와 서신 66편이다.

속성에 대한 스피노자의 정의는 다음과 같다. "속성이란 지성이 실체에 관하여 그 본질을 구성하는 것으로 지각하는 것이다." 이 정의에서 관념론적 해석자들은 "지성이 … 지각하는 것"이라는 구절에 주안점을 둔다. 머어리(J. C. Murray)는 다른 속성들에 대한 사유의 우월함을 주장하는 데 이 정의를 사용하고 있다.

　　모든 속성들은 지성이 그것들의 본질적인 존재를 인식함으로써 정의된다. 즉, 모든 속성들은 사유에 대한 관계에 의해서 정의된다고 하겠다. 그래서 사유는 다른 모든 속성들을 해석하는 최고의 속성 또는 범주가 된다.[1]

이와 같이 머어리는 "지성이 … 지각하는 것"이라는 구절을 사유의 우월함에 대한 증거로 채택한다. 머어리에 의하면, 스피노자에게서 모든 속성들은 지성 안에서 질서 지워져 있고, 또한 궁극적으로 사유에 의해서 해석될 수 있다.

　　또한, 머어리는 스피노자의 이론을 관념론으로 해석하지 않으면, 하나의 실체가 다수의 속성을 가진다는 스피노자의 이론을 설명하기가 힘들다고 주장한다. 모든 속성들은 사유의 속성에 의해서 하나의 실체 안에 연합되어 있는데, 이 연합은 스피노자의 체계에서

---

1) J. Clark Murray, "The Idealism of Spinoza," *The Philosophical Review*, 5 (1896), 479쪽.

제기될 수 있는 '하나의 실체와 다수의 속성'의 문제점을 해소한다는 것이다. 그래서 그는 이 연합을 지성적 연합 (intelligible unity)이라고 부른다. 이 점에 대해서 머어리는 다음과 같이 진술하고 있다.[2]

스피노자는 하나의 실체가 다수의 속성을 소유한다는 이론이 타당하다는 것을 설명하는 데 어려움을 겪고 있다. 그러나 사유의 속성과 연장의 속성은 또 하나의 다른 관계를 맺는다. 사유는 그 자신에 대해서 의식할 수 있을 뿐만 아니라, 연장에 대해서도 의식할 수 있다. 사유는 또한 실체의 무한히 많은 다른 속성들에 대해서도 의식할 수 있다.[3]

이처럼 머어리는 사유의 우월성에 의해서 하나의 실체가 다수의 속성을 소유한다는 스피노자의 이론을 설명할 수 있다고 주장하고 있다. 즉 사유가 무한하게 많은 모든 속성들을 인식한다면, 그 속성들은 사유의 체계 안에서 질서가 부여된다. 따라서 실체는 사유의 속성을 소유함으로써 다른 모든 속성들을 소유하게 된다. 이렇게 사유는 실체가 모든 속성들을 소유하는 데 중요한 역할을 하고 있다.

---

2) 같은 책, 480-481쪽.
3) 같은 책, 479-480쪽.

스피노자의 서신 66편도 관념론적 해석의 근거로 사용되고 있다. 하리스(Errol E. Harris)는 이 서신을 근거로 하여 그의 관념론적 해석을 전개시키고 있다. 취른하우스(Tschirnhaus)는 스피노자에게 보내는 서신 (65편)에서 무한한 속성의 무한한 양태들에 대한 주장은 인간 정신이 그 신체만을 지각한다는 주장과 모순된다고 지적한다. 그는 우리가 무한한 속성들로 표현된 양태라면, 그러한 양태인 우리가 존재한다는 사실은 우리 정신이 연장의 양태(신체)만을 지각한다는 이론과 상충된다는 것이다. 즉 정신이 신체 이외의 다른 어떤 양태도 지각할 수 없다는 것은 문제가 있다는 것이다. 여기에 대해서 스피노자는 서신 66편에서 다음과 같이 대답하고 있다.

> 당신의 문제 제기에 대해서 나는 다음과 같이 대답하고자 한다. 비록 각각의 개별체들이 신의 무한 지성 안에서 무한한 방법들에서 표현된다고 하더라도, 거기서 표현된 무한한 관념들은 한 개별체의 정신을 구성하는 것이 아니라, 정신들의 무한성을 구성한다. 왜냐하면, 이러한 무한한 관념들 사이에는 서로 아무런 연결이 없기 때문이다. 이것은 내가 『윤리학』 2부 정리 7의 주해에서 설명하였고, 또한 1부 정리 10에서도 명백하게 밝혔다. (서신 66편)

이와 같이 스피노자는 무한 지성을 유한 지성으로부터 구별

하였다. 다시 말해 유한한 인간 정신은 속성들과 양태들의 무
한한 시리즈를 인식할 없고 무한 지성만이 인식할 수 있다고
주장한다. 이로부터 하리스는 다음과 같은 관념론적 주장을 추
론해낸다. 우리의 마음이 사유와 연장 이외의 다른 속성들을
파악할 수 없지만, 무한 지성은 모든 속성들을 파악한다는 스
피노자의 진술은 사유가 어떤 다른 속성보다 더 우월하다는 것
을 나타낸다. 즉 신의 지성에는 모든 속성들의 양태들에 대한
하나의 관념이 있다는 스피노자의 진술은 사유의 속성이 다른
속성들 보다 더욱 포괄적이라는 것을 의미한다는 것이다. 하리
스에 의하면, 실체의 모든 양태들에 있어서 정신들의 무한성이
있다면 그리고 이 무한성이 신의 지성에서 파악될 수 있다면,
스피노자의 다른 진술, 즉 평행론적 진술에도 불구하고, 사유
의 속성은 다른 속성들보다 더 포괄적이고 광범위하다고 할 수
있다. 왜냐하면 모든 속성들에 대한 모든 양태들에 대한 관념
들은 존재하고, 그 모든 관념들은 사유의 속성에 포함되어 있
기 때문이다.4)

　이렇게 머어리와 하리스는 속성에 대한 스피노자의 정의와
서신 66편으로부터 스피노자가 사유의 속성에 특혜를 부여했

---

4) Erroll E. Harris, *Salvation from Despair* (The Hague: Martinus Nijhoff, 1973), 70-71쪽.

다는 사실을 추론하면서, 스피노자의 이론을 관념론적으로 해석하고 있다.

그러나 우리는 이러한 해석이 타당하지 않다는 것을 다음과 같은 점에서 지적할 수 있다. 속성에 대한 스피노자의 정의는 관념론적 해석자들이 근거로 삼을 만큼, 사유의 속성이 강조되어 있는 것이 사실이다. 사실상, 폴록 (F. Pollock)이 주장하듯이, 스피노자가 "지성이 … 지각하는 것이다"라는 구절에 의해서 속성을 정의하는 한, 그것이 스피노자가 의도했든 아니든, 사유의 속성은 두 번 해석되었다.[5]

그러나 스피노자가 "지성이 … 지각하는 것이다"라는 구절을 사용했다는 사실은 사유의 우월성을 주장했다는 사실을 함축하지 않는다. 왜냐하면 이 구절에서 우리가 추론할 수 있는 것은 모든 것이 신의 사유 안에 존재한다는 것이 아니라, 그것들이 신의 사유에 의해서 표상되거나 지각된다는 것이다. 전자는 사유의 우월성을 의미하는 것으로, 관념론적 해석을 이끌수 있다. 반면 후자는 사유가 다른 속성들을 표상한다는 사유의 역할을 강조한 것으로 이해되어야 한다. 만약 신의 사유 안에 연장의 속성(또는 다른 어떤 속성)이 존재한다면, 그것은 그

---

5) Frederick Pollock, *Spinoza: His Life and Philosophy* (London: Duckworth and Co., 1899), 153쪽.

자체로서 존재하는 것이 아니라 연장에 대한 관념으로서 존재하는 것이다. 사유는 신의 본질을 표현할 뿐만 아니라 다른 속성들을 표상하는 역할도 한다. 사유의 이러한 이중 역할을 다른 속성들에 대한 우월성으로 해석할 수 없을 것이다. 여기서 우리는 표상론적 의존성을 존재론적 의존성과 구분하여야 할 것이다. 그리고 사유의 우월성은 표상론적 의존성과 관계되어서 이해되어야 한다. 비록 사유의 속성이 다른 속성들보다 특별하고 구분된다고 하더라도, 이것은 사유가 우월하기 때문이 아니라 사유가 다른 속성들을 표상하는 사유의 역할 때문이다. 표상론적 의미에서 사유의 우월성은 스피노자의 이론을 관념론적으로 해석하는 것과 관계가 없다.

서신 66편에 대한 하리스의 해석에 대해서도 같은 비판이 적용될 수 있다. 우리는 하리스가 사유의 속성이 다른 속성들보다 더 포괄적이라고 주장하는 것을 보았다. 그리고 그 이유는 신의 사유 안에는 모든 속성들의 양태들에 대한 하나의 관념이 있기 때문이라는 것도 보았다. 만약 신의 사유 안에 모든 속성들의 양태들 자체가 있다면, 우리는 사유의 속성이 다른 모든 속성들을 내포하고 있다고 생각할 수 있을 것이고, 이를 바탕으로 관념론적 해석을 전개시킬 수도 있을 것이다. 그러나 신의 사유 안에 그 양태들 자체가 아니라 양태들에 대한 하나의 관념만이 이 존재하는 한, 우리는 사유가 존재론적으로 우월한 것이 아니라 단지 표상론적으로 우월할 뿐이라고 이해해야 할 것이다. 다음의 스피노자의 진술은 이러한 견해를 뒷받침해 주고 있다.

> 신의 사유하는 능력은 신의 활동하는 현실적인 능력과 동등하다. 바꾸어 말하면, 신의 무한한 본성으로부터 본래적으로 (formally, inherently) 생기는 모든 것은 신의 관념에서 동일한 질서와 동일한 연결에 의하여, 신 안에서 표상적으로 (objectively, representatively) 생긴다. (『윤리학』 2부 정리 7의 계)

위의 인용문은 사유가 모든 것을 포함한다는 관념론적 해석을 사실상 부정한다. 사유가 가지고 있는 것은 단지 그것들을 표상하는 관념들뿐이라는 것이다. 이렇게 관념론적 해석은 사유의 특별함을 지나치게 강조함으로써 스피노자의 진정한 의도를 잘못 이해하고 있다. 사유의 속성의 우월함을 대해서 우리가 이해해야 되는 것은 관념론이 아니라 표상론이다.

3. 유물론적 해석

스피노자의 평행론적 진술에도 불구하고 스피노자의 심신론을 유물론적으로 해석하는 학자들이 있다. 함프서(Sturat

Hampshire), 컬리(E. Curley), 바커(H. Barker) 등은 스피노자가 그의 심신론에서 의도했던 것은 평행론이 아니라 유물론적 이론이라고 주장한다.[6] 그들은 공통적으로 유물론적 해석의 근거를 『윤리학』 3부 정리 2의 주해와 2부 정리 13의 주해에서 찾고 있다.

(1) 정리 2의 주해

유물론자들은 스피노자가 정리 2의 주해 전반에 걸쳐서 정신에 대한 신체의 우월성을 진술하고 있다고 주장한다. 그 주해에서 그들이 근거로 삼고 있는 진술들은 다음과 같다.

> 인간의 지혜를 훨씬 능가하는 많은 것들이 동물들에게서 관찰되거나, 또는 몽유병자가 깨어 있을 때에는 감히 하지 않았던 것을 수면 중에 행하고 있는 일 등에 대하여 여기서 언급할 필요는 없을 것이다. 다만 이것은 정신까지도 놀랄만한 많은 것을 신체 자체가 자신의 본성의 법칙에만 따라서 할 수 있다는 사실을 충분히 보여주고 있다. 한편 어떠한 방법과 어떠한 경로로 정신이 신체를 움직

---

6) 사실상 바커는 스피노자의 심신론을 부수 현상론으로 해석하고 있다. 그러나 그 해석도 정리 2의 주해와 정리 13의 주해에 근거를 두면서 신체의 우월성을 주장하고 있기 때문에 여기에 포함시켰다. 왜냐하면 그 주해들이 신체의 우월성을 주장하는 것이 아니라고 판명되면, 바커의 해석도 반박될 것이기 때문이다.

이는지, 정신이 어느 정도의 운동을 신체에게 줄 수 있는지, 또한 어느 정도의 속도로 신체를 움직일 수 있는지 등에 대해서 어느 누구도 모르고 있다. 이 사실로부터 다음과 같은 것이 따라 나온다. 신체의 이러 저러한 활동들은 신체를 지배하고 있는 정신으로부터 생긴다고 말하는 사람들은, 자기들이 하는 말을 이해하지 못하고 있다. (『윤리학』 3부 정리 2의 주해)

그러나 첫 번째 문제점에 관하여 내가 그들에게 질문하고자 하는 것은 '만일 반대로 신체가 활발하지 못하다면, 동시에 정신도 사색하는 힘이 부족하다는 것을 경험을 통해서 알 수 있지 않는가?'라는 것이다. 왜냐하면 신체가 잠들어 있을 때, 정신도 동시에 의식이 활발하지 않게 되어, 깨어 있을 때처럼 사고할 수 없기 때문이다. (같은 주해)

그들은 정신의 지시 없이는 발생할 수 없을 것이라고 믿었던 많은 일들이 단지 자연의 법칙에 의해서만 생긴다는 것을 경험하고 있다. 예를 들면 몽유병 환자가 잠자는 중에 행한 것에 대해 잠이 깬 후에 놀란다는 사실을 그들은 보고 있다. (같은 주해)

이처럼 정리 2의 주해에서 스피노자는 동시대의 다른 철학자들이 인정했던 정신의 능력을 부정하고 있는 것을 볼 수 있다. 스피노자는 정신이 신체에 명령할 수 있다는 것에 반대하면서 신체의 활동들이 정신의 도움 없이 자연의 법칙으로만 설명될 수 있다고 주장했다. 더 나아가 신체가 활발하지 못하면 정신도 따라서 활발하지 못하게 된다고 주장하고 있는데, 이러한 주장들은 마치 스피노자가 정신의 우월성을 주장한 것처럼 여겨질 수도 있을 것이다. 바커는 "정리 2의 주해에서 스피노자가 본질적으로 주장하고자 한 것은 정신에 대한 신체의 우월성이며, 이 주해에서의 스피노자의 진정한 의도는 정신을 희생시켜서 신체를 높이는 것"[7]이라고 주장한다. 함프셔 또한 신체가 정신 없이 많은 것을 할 수 있다는 점, 그래서 의지나 판단 등의 정신적 과정에 의하지 않고도 인간의 행위가 설명될 수 있다는 점 등을 강조하면서, 정리 2의 주해를 유물론적 해석의 근거로 삼고 있다.

스피노자는 『윤리학』 전반에 걸쳐서 사유의 속성과 연장의 속성을 동등한 관계로서 간주하며, 정신과 신체 사이의 상호작용을 강하게 부정한다. 그럼에도 불구하고 그가 자신의 이러한 주장과 반대되는 견해를 정리 2의 주해에서 전개시켰는지에 대해 검토해 보기로 하자. 위의 인용문들에서 볼 수 있듯이 스피노자가 정리 2의 주해에서 전개시킨 주장은 신체에 대한 정

---

7) H. Barker, "Notes on the Second Part of Spinoza's *Ethics*," in S. Paul Kashap (ed.), *Studies in Spinoza* (Berkeley: University of California Press, 1972), 149쪽.

신의 우월성을 부정하는 것만은 분명하다. 그런데 문제는 정신에 대한 신체의 우월성을 부정하는 진술이 전혀 없다는 것이다. 즉, 신체가 정신을 결정할 수 있는지의 여부에 대해서는 아무런 언급이 없는 상태에서 "신체는 정신 없이도 많은 일들을 할 수 있다" 또는 "정신은 신체를 지배하지 않는다" 등의 주장들이 정리 2의 주해 전반에 걸쳐서 진술되어 있다. 이러한 상황 때문에 스피노자가 신체의 우월성을 주장한 것으로 생각할 수도 있다.

그러나 스피노자가 정신이 신체를 결정할 수 없다는 점을 설명하는 데 주해의 대부분을 할애하면서도, 신체가 정신을 결정하는지의 여부에 대해서는 언급이 없다는 사실에 주목해야 한다. 이러한 사실에 근거해서 스피노자가 신체의 우월성을 주장했다고 보는 견해는 무리가 있다. 더군다나 스피노자 자신이 정리 2의 주해 이외의 많은 곳에서 정신과 신체의 평행함을 주장한 것을 감안해야 한다. 그러면 신체의 위치에 대한 스피노자의 침묵이 유물론적 해석의 근거가 된다고 보기는 어렵게 된다. 위의 인용문에서도 볼 수 있듯이 스피노자 당시에는 정신이 신체를 지배한다는 생각이 팽배해 있었다. 이러한 상황에서 스피노자가 "정신이 신체를 지배할 수 없고 또한 신체도 정신을 지배할 수 없다"는 견해를 설명하기 위해서, 정신이 신체를 지배한다는 그 당시의 일반적인 생각을 반박하는 작업이 필요했을 것이다. 만약 신체가 정신을 지배한다는 것이 당시의 일반적인 생각이었다면, 스피노자는 정리 2의 주해의 대부분을 정신에 대한 신체의 우월성을 부정하는 작업에 할애했을 것이다.

스피노자에게서 모든 주해들은 그 정리에서 언급된 명제들을 뒷받침하고 있다. 따라서 정리 2의 주해도 정리 2의 명제를 설명하는 내용들로 이루어져야 할 것이다. 그런데 우리가 정리 2의 주해를 유물론적으로 해석하면, 그 주해는 정리 2의 명제와 양립할 수 없게 된다. 왜냐하면 정리 2는 평행론을 나타내는 명제이기 때문이다.

> 신체는 정신의 사유 활동을 결정할 수 없고, 또한 정신도 신체의 운동과 정지를 결정할 수 없으며, (다른 어떤 것이 있다면) 다른 어떤 것도 결정할 수 없다. (『윤리학』3부 정리 2)

이처럼 스피노자가 정리의 명제에서 언급한 것은 양자 간의 인과 관계나 우월성을 부정하는 것임이 틀림없다. 물론 유물론자들도 이것을 인식하고 있었다. 그러나 그들은 "정리 자체에서 스피노자가 언급했음에도 불구하고 …"라고 하면서 정리의 주해를 정리의 명제와 다르게 해석하고 있다. 그러나 스피노자에서 주해는 그 정리를 더 잘 이해하기 위한 부연 설명이다. 따라서 주해가 그 정리를 미흡하게 설명하는 경우는 있어도 정리와 모순되게 설명하는 경우는 없다. 만일 이 주해를 유물론적으로 해석한다면, 우리는 스피노자가 정리와 모순된 이론을 그 정리의 주해에서 주장하고 있는 것으로 간주하게 된다. 그렇지만, 스피노자가 자기 모순을 범하고 있는 것으로 이해하기 이전에, 정리 2의 주해를 평행론으로 해석하려는 시도들이 먼저 있어야 할 것이다.

스피노자가 정리 2의 명제를 그 주해에서 설명해야 되는 요점은 다음의 두 가지로 볼 수 있다. 하나는 "정신이 신체를 결정할 수 없다"이고, 다른 하나는 "신체가 정신을 결정할 수 없다"이다. 여기에서 스피노자는 전자만 설명하면, 자신의 이론, 즉 평행론을 사람들에게 입증할 수 있다고 생각했을 것이다. 왜냐하면 앞에서 언급했듯이, 전자는 그 당시에 팽배해 있는 견해에 상반되는 것이지만, 후자는 그 당시 대부분의 사람들이 동의할 일반적인 명제였기 때문이다. 이렇게 정리 2의 주해를 정리의 명제와 연관지어서 생각해 본다면, 우리는 주해에서 드러난 스피노자의 진정한 의도는 신체의 우월성을 주장하기 위해서 정신의 우월성을 부정하는 것이 아니라, 정신과 신체 사이의 평행성을 주장하기 위해서 정신의 우월성을 부정하고 있다는 점을 알 수 있을 것이다.

(2) 정리 13의 주해

스피노자의 심신론을 평행론이나 관념론으로 해석하는 학자들에게 가장 걸림돌이 되고 있는 부분이 『윤리학』 2부의 정리 13의 주해이다. 이 주해에서 우리는 신체에 대한 정신의 우월성을 주장한 것으로 여겨지는 스피노자의 진술을 볼 수 있다. 유물론자들은 이 진술을 자신들의 해석을 정당화시키는 데 가장 중요한 근거로 삼고 있다.

관념들은 그 대상들이 그러한 것처럼 서로 차이가 있는데, 어떤 관념의 대상이 다른 관념의 대상보다 더 우월하고 더 많은 실재성을 가지는 것에 따라서 전자의 관념은 후자의 관념보다 더 우월하고 더 많은 실재성을 가지게 된다. 인간 정신이 다른 정신과 무엇이 다른지 또는 다른 정신보다 어떻게 우월한지를 결정하기 위해서는 이미 말한 바와 같이 우리는 우선 그 대상의 본성 즉 인간 신체의 본성을 알아야 한다. 그러나 그것을 여기서 설명할 수는 없으며, 또한 그것은 내가 증명하려고 하는 것에 필요한 것도 아니다. 그러나 나는 다음과 같은 사실을 일반적으로 언급하여 두고자 한다. 즉 어떤 신체가 많은 활동을 하거나 또는 작용을 받을 때, 다른 신체보다 더 유능하면 할수록, 그만큼 그 정신도 많은 것들을 지각하는 데 다른 정신보다 더 유능하다는 것이다. (『윤리학』 2부 정리 13의 주해)

위의 진술은 신체가 서서히 변화하면 그 정신도 서서히 변화한다는 신체에 대한 정신의 의존성을 주장한 것으로 이해될 수 있다. 즉 관념의 질서와 연결은 신체의 질서와 연결에 의존한다. 이러한 주장은 신체가 변화하지 않으면, 정신이 변화될 수 없다는 정신에 대한 신체의 우월성을 강하게 나타내고 있다. 따라서 이 정리 13의 주해는 스피노자의 심신론을 유물론으로 해석하려는 학자들에게 가장 중요한 자료가 되고 있는 반면, 평행론으로 해석하는 학자들에게는 가장 큰 장애물이 되고 있다. 앞에서 고찰해 본 정리 2의 주해와는 달리, 이 주해에서의 스피노자의 진술은 유물론적인 입장이 너무나 강하기 때문이다.

함프셔는 이 정리 13의 주해에 근거해서 스피노자에게서 신체 개념을 '사유를 생산하는 기계'라고 표현한다. 스피노자에게서, 정신은 사유를 생산하는 기계(신체)에 포함되어 있으며, 이 기계의 상태가 점차 변한다면 사유의 힘도 변한다는 것이다. 함프셔에 의하면, 스피노자는 정신적 기술들이 물리적 기술들로 환원된다고 주장하는 환원적 유물론은 잘못되었다고 생각했다고 한다. 따라서 스피노자의 유물론은 두 개의 기술들을 그대로 인정하는 수정된 유물론(modified materialism)이라는 것이다.[8] 우리는 앞에서 하나의 실체가 사유의 속성 아래에서는 사유하는 실체로, 연장의 속성 아래에서는 연장하는 실체로 나타나는 것을 보았다. 이러한 스피노자의 실체-속성론은 정신적 기술과 물리적 기술을 각각 다른 독립된 기술들로 인정하면서도 (어느 한 쪽으로 환원시키지 않으면서도) 일원론을 주장할 수 있다는 점을 보여주고 있다. 함프셔는 스피노자의 수정된 유물론이 정신적 기술과 물리적 기술을 각각 인정하면서도 두 기술을 포함하고 있는 하나의 개별체를 인정하고 있다는 점에서 이중 양면설의 한 맥락에서 이해될 수 있다고 주장한다.[9] 그의 해석인 '수정된 유물론'은 스피노자의 이론에 아주 가깝게 접근하고 있다. 특히 스피노자가 주장한 정신과 신체 사이의 동일성을 속성이나 기술들에서 찾지 않고, 개별자의 개념에서 찾아야 한다는 관점은 스피노자의 심신론을 잘 이해하고 있다고 하겠다.

그러나 아쉽게도 함프셔의 해석은 스피노자의 평행론적 진술들을 포용할 수 없다는 데 문제가 있다. 따라서 그의 해석을 받아들인다면, 평행론적 진술들에 대해서 우리는 스피노자가 평행론과 유물론 사이에서 자기 모순을 범했거나, 또는 무의식으로 평행론적 진술을 했다는 설득력 없는 결론을 내려야 할 것이다. 이러한 맥락에서 볼 때, 유물론적 해석은 스피노자의

---

8) Stuart Hampshire, "A Kind of Materialism" in his *Freedom of Mind* (Oxford: Clarendon Press, 1972), 225-226쪽.

9) 같은 논문, 229쪽.

심신론에 대한 정확한 이해가 아니다. 또한 스피노자의 동일론 적 진술은 평행론을 포용할 수 있는 이론, 즉 유물론과 관념론 이 배제된 일원론으로 해석되어야 한다는 사실이 따라 나온다. 그러나 우리는 이러한 일원론을 스피노자의 이론으로 해석하 기 위해서는 정리 13의 주해의 문제를 해결하는 것이 필요하 다. 평행론자인 델라 로카는 정리 13의 주해와 관련지어서 다 음과 같이 말하고 있다. "여전히 의문으로 남아 있는 것은 '**왜** 스피노자가 이 비대칭(asymmetry)을 주장했을까'라는 문제이 다. 즉 '왜 스피노자는 우리가 정신의 모습들을 파악하기 위해 서 신체의 모습들을 먼저 파악해야 된다고 주장했을까?'라는 것인데, 나는 이 질문에 대한 답을 모르고 있다."[10] 이렇게 델 라 로카는 정리 13의 주해와 평행론 간의 모순을 해결하지 못 하고 있다. 따라서 자신의 평행론적 해석을 전개시키는 데 어 려움이 있음에도 불구하고, 이를 하나의 문제점으로 그냥 남겨 두고 있다. 다른 평행론자들 역시 정리 13의 주해를 언급하지 않거나, 언급하는 경우에도 평행론적 해석을 하는데 하나의 걸 림돌이 된다는 사실만 지적하고 있다.

　필자는 정리 13의 주해를 그냥 유물론적인 진술이라고 이해

---

10) Della Rocca, *Representation and the Mind-Body Problem in Spinoza* (New York: Oxford University Press, 1996), 22쪽. (강조는 필자)

하면서 평행론과 모순되는 하나의 문제점으로 남겨 두기 보다는, 이 문제의 해결을 위해서 우리가 할 수 있는 모든 가능한 시도들을 해보는 것이 바람직한 태도라고 생각한다. 우리는 이 주해를 다음과 같은 관점에서 이해할 수 있을 것이다.

정리 13의 주해에서 스피노자가 주장한 것은 "신체가 실제로 정신보다 우월하다"는 것이 아니라, "정신들 사이의 차이점들을 발견하는 최선의 방법은 신체들 간의 차이점을 공부함으로써 발견할 수 있다"는 것이다. 정신들의 모습을 알기 위해서 신체들의 모습을 먼저 알아야 하는 이유는 정신이 신체에 의존해 있기 때문이 아니라, 우리들이 정신들에 대해서는 잘 모르고 있으면서 물리학의 발달로 신체들에 대해서는 잘 알고 있기 때문이다. 따라서 정신이 실제로 신체에 의존해 있는 것이 아니라, 정신에 대한 지식 획득이 신체에 대한 우리들의 지식에 의존해 있다는 것으로 이해될 수 있겠다. 어떤 것을 설명하는 데 정신적인 어휘들을 사용하는 것보다 물리적인 어휘들을 사용해서 설명하는 것이 그것을 훨씬 더 잘 설명할 수 있다는 맥락에서 정리 13의 주해를 이해한다면, 우리는 스피노자가 주장하려고 한 바를 알 수 있을 것이다. 그의 주장은 "신체는, 우리가 지식을 얻는 것과 관계되는 한에 있어서만, 정신보다 우월하다"는 것이다. 즉 정신에 대한 지식을 얻기 위해서 우리는 신체에 대한 지식에 의존해야 된다. 왜냐하면 우리가 정신보다 신체에 대해서 더 잘 알고 있기 때문이다. 스피노자는 지금의 단계를 우리가 더 나은 지식을 획득하기 위해서 나아가는 잠정적인 단계로 보고 있다. 따라서 미래의 어느 날, 우리는 정신적인 것들에 대해서도 완전히 알 수 있게 된다는 것이다.

스피노자는 자신의 철학을 전개시키는 데 이러한 태도를 실제로 가지고 있었다. 즉 현재 우리의 지식으로는 완전히 파악할 수 없는 사실들이 있는데, 앞으로의 과학적 발견들에 의해서 우리의 지식이 증가했을 때, 우리는 그 사실들을 알 수 있게 된다는 것이다. 우리는 실체가 무한히 많은 속성을 가지고 있고, 그 속성들 중에서 인간은 사유와 연장 이외에 다른 속성들은 인식할 수 없다는 것을 앞에서 보았다. 이 알려져 있지 않은 무한히 많은 속성들에 대해서 언급할 때도 스피노자는 이러한 태도를 가지고 있었다.

완전한 존재에 있어서의 무한한 속성들에 대한 관념이 허상이 아닌 것은 분명하다. 그러나 우리는 다음과 같은 점을 보충하여야 할 것이다. 자연에 대한 끊임없는 숙고 후, 우리는 **아직까지는** 그것에 속하는 것으로 두 개 이상의 속성을 발견할 수 없었다.[11]

---

11) Spinoza, *Short Treatise of God, Man and Human Welfar*e, Part I, Chapter I, [8], note. d in Curley (ed. and trans.), *The Collected Works of Spinoza*, vol. 1, (Princton: Princeton University Press, 1985), 63-64쪽.

무한한 속성들 중에서 그들의 본질을 통해서 **지금까지** 우리에게 알려진 속성은 사유와 연장 뿐이다.[12]

위의 인용문으로부터, 우리는 스피노자가 다음과 같은 입장, 즉 "어떤 사실들에 대해서 현재로서는 알 수 없으나, 앞으로 그것들을 알 수 있다"는 입장을 가지고 있는 것을 확인할 수 있다. 지금까지의 지식으로는 우리가 단지 사유와 연장이라는 두 개의 속성만을 알고 있으나, 언젠가는 그 외의 다른 속성들이 어떤 것인가를 알게 될 것이라는 가능성을 스피노자는 배제하고 있지 않다. 즉 그것들은 알 수 없는 것들이 아니라, 아직까지 알려져 있지 않은 것 뿐이다.

필자는 스피노자가 정신과 신체에 대한 우리의 지식에 관련해서도 이러한 태도를 가졌다고 생각한다. 즉 현재의 단계에서는 정신에 대한 지식을 얻기 위해서 신체에 대한 지식에 의존해야 한다. 과학이 아직은 정신이 무엇인지를 우리에게 알려 줄 정도로 발달하지 않았기 때문에 우리가 정신을 알기 위해서 먼저 신체를 아는 것이 필요하다. 정리 13의 주해는 이러한 견해를 스피노자가 진술하고 있는 것으로 이해되어야 한다. 이렇게 지식을 얻는 것과 관련해서 생각할 때만 정신은 신체에 의

---

12) 같은 책, Part I, Chapter VII, note. a.

존해 있고, 더구나 그 의존성도 현재까지의 잠정적인 상황이라 면, 정리 13의 주해를 유물론으로 해석할 수 있는 근거를 찾기 어려울 것이다.

이상에서, 우리는 스피노자의 동일론이 관념론적으로도 또 한 유물론적으로도 해석될 수 없다는 사실을 보았다. 따라서 우리는 그의 동일론적 진술을 평행론과 양립될 수 있는 동일론 으로 해석할 수 있게 된다. 왜냐하면 평행론은 정신과 신체 사 이의 인과 관계를 부정할 뿐만 아니라, 양자 간의 우월성도 부 정하기 때문이다. 이러한 사실은 스피노자의 심신론이 동일론 적 진술과 평행론적 진술을 함축할 수 있는 이론으로 해석되어 야 한다는 필자의 주장을 지지해 줄 수 있을 것이다.

II. 동일성과 인과 관계의 부정

관념론적 해석과 유물론적 해석에 관련된 문제가 해결되었 다고 하더라도, 스피노자의 심신론을 동일론으로 주장하는데 에는, 평행론과 관련된 또 다른 문제가 제기된다.[13]

(1) 스피노자에게는, 정신적 사건들 사이에 인과 관계가 존재

---

13) R. J. Delahunty, *Spinoza* (London: Routledge and Kegan Paul, 1985), 197쪽.

하고, 물리적 사건들 사이에도 인과 관계가 존재한다. 따라
서 사유의 양태는 사유의 또 다른 양태의 원인이 되고, 연
장의 양태는 연장의 또 다른 양태의 원인이 된다. 즉 정신
적 사건 A는 정신적 사건 B의 원인이 될 수 있고, 물리적
사건 A'는 물리적 사건 B'의 원인이 될 수 있다.

(2) 동일론적 해석은 하나의 정신적 사건이 하나의 물리적 사
    건과 동일하다고 주장한다. 즉 정신적 사건 A는 물리적 사
    건 A'와 동일하고, 정신적 사건 B는 물리적 사건 B'와 동일
    하다.

(3) 그렇다면, 정신적 사건은 물리적 사건의 원인이 될 수 있고,
    물리적 사건도 정신적 사건의 원인이 될 수 있게 된다. 즉
    정신적 사건 A는 물리적 사건 B'(=정신적 사건 B) 의 원인
    이 될 수 있고, 물리적 사건 A'는 정신적 사건 B(=물리적
    사건 B') 의 원인이 될 수 있다. 이렇게 정신과 신체 사이에
    인과적 상호작용이 존재하게 된다.

위의 논증은 "if **Fa and a = b, then Fb**" 라는 동일성 법칙의
한 경우라고 할 수 있겠다.[14] 그러나, 위의 논증의 결론 즉 "정
신적 사건 A는 물리적 사건 B'(=정신적 사건 B) 의 원인이 될

---

14) "F" = "causes c"라고 하자.

수 있고, 물리적 사건 A'는 정신적 사건 B(=물리적 사건 B')의 원인이 될 수 있다"는 것은 정신과 신체 사이의 인과적 상호작용을 부정하는 스피노자의 입장과 모순된다. 그러므로 이러한 관점에 따르자면, 우리는 스피노자의 심신론을 동일론으로 해석하려는 과정에서 큰 난관에 봉착하게 된다.

그러나 이것은 스피노자가 인과성에 대해서 어떻게 생각했는가에 따라서 달라진다. 델라 로카(Della Rocca)에 따르면, 만약 스피노자가 인과성을 불투명한 (opaque) 것으로 생각했다면, 우리는 여전히 동일론을 주장할 수 있게 된다.[15] 왜냐하면, 위의 논증은 인과성이 투명하다는(transparent) 것에 기본을 두고 있기 때문이다. 여기에서 우리는 "투명하다"와 "불투명하다"의 의미를 먼저 설명할 필요가 있다.

위의 논증에서처럼, "if Fa and a = b, then Fb" 라고 한다면, 우리는 F가 투명하다고 말할 수 있다. 그래서, 예를 들어 "…는 곱슬머리이다"는 다른 대부분의 술어들처럼 투명한 술어이다. 그러나 다른 한편, "철수는 …가 곱슬머리라고 믿는다"는 불투명한 술어이다.

---

15) Della Roca, "Causation and Spinoza's Claim of Identity," *History of Philosophy Quarterly*, vol. 8 (1991), 268쪽.

예를 들어, 술어가 투명할 경우는 다음과 같다.

(1) 영식이는 곱슬머리이다.

(2) 영식이는 영희의 오빠이다.

(3) 그러므로 '영희의 오빠는 곱슬머리이다'라는 사실이 따라
나온다.

그러나 술어가 불투명할 경우는 어떤 사실들이 따라나오지
않는다.

(1) 철수는 영식이가 곱슬머리라고 믿는다.

(2) 영식이는 영희의 오빠이다.

(3) 그러나 '철수는 영희의 오빠가 곱슬머리라고 믿는다'라는
사실이 따라 나오지 않는다. (철수는 영식이가 영희의 오빠
라는 사실을 깨닫지 못할 수도 있다.)

이와 마찬가지로 스피노자가 인과성을 불투명한 것으로 간
주했다면,

(1) 정신적 사건 A는 정신적 사건 B의 원인이다.

(2) 정신적 사건 B = 물리적 사건 B'

(3) 그러나 '정신적 사건 A가 물리적 사건 B'의 원인이다'는 사

실이 따라 나오는 것은 아니다.

그러므로 이 경우 우리는 스피노자의 심신론을 동일론으로
해석하면서도 정신과 신체 사이의 인과적 상호작용이 있다는
것을 인정하지 않아도 된다. 다시 말하자면, 스피노자가 인과
성이 투명하다는 것을 부정했다면, 우리는 정신과 신체 사이의
인과적 상호작용이 없다는 스피노자의 주장과 모순되지 않으
면서도 동일론을 주장할 수 있다. 스피노자가 동일론과 평행론
모두를 주장했다는 사실은 (그가 위에서 제기된 문제를 의식하
고 있었다면 즉 무의식적으로 자기 모순을 범한 것이 아니라
면) 그가 인과성을 불투명한 것으로 간주했다는 사실을 암시하
고 있다. 즉 스피노자가 동일론과 평행론을 동시에 주장할 수
있었던 것은 '…의 원인이다'라는 문맥을 불투명한 것으로 생
각했기 때문에 가능하다는 것이다. 우리는 스피노자가 인과성
을 불투명한 것으로 생각했다는 것을 다음과 같이 추론할 수
있다.

스피노자에게는

(1) 사유하는 실체와 연장하는 실체가 동일하다는 사실에도 불
구하고

(2) '사유하는 실체는 사유의 양태 X의 원인이다'라는 것은 참

이다.

(3) 그러나 '연장하는 실체는 사유의 양태 X의 원인이다'는 거
    짓이다.

  또한, 그에게는

(1) 사유하는 양태 x는 연장하는 양태 y와 동일하다는 사실에
    도 불구하고

(2) '연장하는 양태 y는 연장하는 양태 w의 원인이다'라는 것
    은 참이다.

(3) 그러나 '사유하는 양태 x는 연장하는 양태 w의 원인이다'
    는 거짓이다.

  이러한 사실로부터 우리는 스피노자가 '… 원인이다'라는 문
맥이 투명하다는 것을 부정했다는 것을 알 수 있다.[16] 따라서
우리는 정신과 신체가 서로 원인이 될 수 없다는 스피노자의
진술과 상충되지 않으면서 스피노자의 심신론을 동일론으로
해석할 수 있게 된다.

  이러한 점은 스피노자의 심신론이 다른 철학자들의 동일론

---

16) 같은 논문, 268-269쪽.

과 구분되는 점들 중의 하나이다. 예를 들어, 데이빗슨의 무법칙적 일원론에서는 인과 관계가 투명한 것으로 간주되기 때문에 정신과 신체 사이의 인과 관계가 부정되면, 동일론이 주장될 수 없다. 즉 데이빗슨은 인과성을 투명한 것으로 간주하면서 정신적 사건과 물리적 사건이 동일하다고 주장하기 때문에, 정신과 신체 사이에 인과적 상호작용을 인정해야만 한다. 이와 대조적으로 스피노자는 정신적 사건과 물리적 사건은 동일하고 서로 간에 인과적 상호작용이 없다고 주장하기 때문에 그는 인과 관계를 불투명한 것으로 간주해야 한다. 즉 스피노자는 인과 관계의 투명성을 부정했기 때문에 그의 동일론은 정신과 신체 사이의 인과 관계가 없다는 주장과 모순되지 않는다.

이와 같이 스피노자는 우리가 인과성을 불투명한 것으로 간주한다면 정신과 신체 사이의 인과 관계를 부정하면서도 동일론을 주장할 수 있다는 점을 알려 주고 있다. 우리는 스피노자가 인과적 문맥의 투명성을 부정했다는 사실에 기인해서, 그의 이론을 동일론으로 해석하면서도 정신과 신체 사이의 인과적 상호작용을 여전히 부정할 수 있다. 따라서 동일론과 평행론을 모순 없이 동시에 주장할 수 있게 된다.

III. 동일론과 평행론

1. 실체 일원론과 속성 이원론

우리는 스피노자의 동일론이 관념론적이나 유물론적 동일론이 아니라는 것을 밝힘으로써 그의 동일론이 평행론과 양립될 수 있다는 것을 보았고, 또한 그의 동일론이 인과적 상호 작용이 없다는 평행론의 주장과 모순되지 않는다는 것도 보았다. 그러나 스피노자의 심신론을 동일론과 평행론을 함축할 수 있는 이론으로 해석하는데 여전히 어려움은 남아 있다.

쉐퍼(Jerome A. Shaffer)는 평행론에 대해서 다음과 같이 진술하고 있다. "…정신과 신체는 전적으로 다르기 때문에 그것들은 인과적으로 상호 작용할 수 없다. 그래서 평행론자들은 정신과 신체란 각각의 기계장치를 가지고 서로 간에 아무런 인과 관계가 없으면서도 항상 같은 시간을 지키면서 같은 단계에 있는 두 개의 시계와 같다고 주장한다."[17] 이렇게 평행론의 기본적인 입장은 정신과 신체가 서로 구분된다는 것이다. 여기에서 스피노자의 이론을 평행론으로 해석하는 것은 거의 불가능하다

---

17) Jerome A. Shaffer, *Philosophy of Mind* (Englewood Cliffs: Prentice-Hall, 1968), 37-38쪽.

고 생각될 수 있다. 왜냐하면 스피노자는 정신과 신체가 서로 구분되는 것이 아니라, 하나이며 같은 것이라고 주장하기 때문이다. 정신과 신체가 동일하다면, 거기에는 하나의 것만이 존재하는데, 평행론은 두 실체, 또는 사건들의 두 질서와 관계되어서 주장되는 이원론이기 때문이다. 따라서 동일론을 주장하면서 평행론을 전개시키는 것은 어려운 것으로 보여진다.

그러나 우리는 스피노자에게 일원론인 동일론과 이원론인 평행론의 양립 가능성을 알기 위해서 그의 유일 실체관의 도움을 받을 필요가 있다. 왜냐하면, '정신과 신체의 관계'에 대한 스피노자의 주장은 그의 실체관에 근거를 두고 있기 때문이다. 앞의 1장에서 보았듯이 스피노자는 자연 안에는 오직 하나의 실체만이 존재한다는 실체 일원론을 주장하는데, 이는 데까르뜨와 구분된다. 데까르뜨가 사유하는 것과 연장된 것을 두 개의 다른 실체로 인정하는 것과는 달리, 스피노자는 사유와 연장이라는 속성들을 가진 하나의 실체만을 인정한다. 이 하나의 실체가 사유의 속성 아래에서 고찰되면 그것은 사유하는 실체로, 연장의 속성 아래에서 고찰되면 연장된 실체로 인식된다. 따라서 사유하는 실체는 개념적으로는 연장된 실체와 다른 실체로 이해되지만, 실재성의 측면에서는 이 두 실체들은 하나의 같은 실체이다. 이처럼 실체 이원론과 속성 이원론을 주장한 데까르뜨와는 달리, 스피노자는 실체 일원론과 속성 이원론을 주장하고 있다. 잘 알려진 바와 같이, 데까르뜨의 심신론은 정신과 신체를 두 개의 실체로 간주하는 실체 이원론이고, 그는 이 실체들의 관계를 상호 작용설로 설명하면서 정신과 신체 사이의 연합을 주장하려고 시도했다. 그러나 정신과 신체를 두 개의 서로 다른 실체로 인정했기 때문에, 서로 간의 연합을 설립하는데, 어려움에 빠지게 되었다. 스피노자는 데까르뜨의 심신론의 이러한 문제점을 보았고, 그래서 정신과 신체의 관계를 다른 방법에서 설립하려고 했다.

2. 동일론과 평행론

스피노자의 심신 동일론과 심신 평행론은 그의 형이상학 이론인 실체 일원론과 속성 이원론에 각각 근거를 두고 있는 것으로 보아야 한다. 이러한 견해는 우리에게 스피노자의 동일론적 진술과 평행론적 진술을 양립시킬 수 있는 토대를 마련해 준다. 실체 일원론으로부터 우리는 정신과 신체가 하나의 동일한 개별체라는 이론을 추론해 낼 수 있으며, 속성 이원론으로부터는 정신적 속성과 물리적 속성은 동일한 속성이 아니라 두 개의 다른 속성이라는 것을 추론해 낼 수가 있다.[18] 스피노자

---

18) 이 견해는 스피노자의 속성 개념에 관한 객관적 해석의 타당성을 전제로

에게 정신은 사유의 속성 아래에서 이해된 실체의 양태들이고 신체는 연장의 속성 아래에서 이해된 실체의 양태들이다. 따라서 사유하는 실체와 연장하는 실체가 하나이고 같은 실체이듯이 '사유하는 실체의 양태와 연장된 실체의 양태', 즉 '정신과 신체'도 하나이고 같은 양태이다. 하나의 실체가 어떤 때는 사유하는 실체로 나타나고, 어떤 때는 연장된 실체로 나타나듯이, 하나의 개별체가 어떤 때는 사유하는 것(정신)으로, 어떤 때는 연장된 것(신체)으로 나타난다. 이렇게 정신과 신체는 두 개의 기술들을 가진 하나의 개별체이다. 그는 정신과 신체 사이의 동일성을 주장할 때마다 개별체로서의 동일성을 제안했고, 속성들은 서로 다른 유형으로 남겨 두었다.

하고 있다. 스피노자의 속성 개념은 이 책의 2, 3장에서 구체적으로 다루었다. 독자의 편의를 위해 간략하게 다시 정리해 보자. 그의 속성 개념에 관해서 주관적 해석과 객관적 해석이 있어 왔으며, 오늘 날 객관적 해석이 주류를 이루고 있다. 주관적 해석은 속성들을 인간 정신 안에서만 (in intellectu) 존재하는 것으로 다룬다. 따라서 이 해석에 의하면, 사유의 속성과 연장의 속성은 서로 다른 속성으로 인간 정신에 의해서 인식되지만, 사실상 그것들은 인간의 정신이 고안해 낸 것에 불과한 것으로서 실재에 있어서는 하나의 속성만이 존재한다. 한편, 객관적 해석은 속성들을 인간 정신 밖에서 (extra intellectum) 존재하는 것으로 다룬다. 따라서 각각의 속성들은 실재성을 지니고 있으면서 서로 다른 것으로 존재한다. 즉 사유의 속성과 연장의 속성은 실재로 존재하는 서로 분리된 속성들이다. 주관적 해석은 H. A. Wolfson 에 의해서 주장되었으며, 객관적 해석은 F. S. Haserot, A Wolf 등 대부분의 학자들에 의해서 주장되고 있다.

사유하는 실체와 연장된 실체는 한편으로는 이 속성 아래에서, 다른 한편으로는 저 속성 아래에서 이해되는 하나이고 같은 실체이다. 이와 마찬가지로 연장의 양태와 그 양태의 관념은 두 개의 다른 방식에서 표현된 하나이고 같은 것이다. (『윤리학』 2부 정리 7의 주해)

신체의 관념과 신체, 즉 정신과 신체는 어떤 때에는 사유의 속성에 의해서, 또 다른 때에는 연장의 속성에 의해서 이해되는 하나의 동일한 개별체이다. (『윤리학』 2부 정리 21의 주해)

위의 인용문에서 볼 수 있듯이, 스피노자가 정신적인 것들과 물리적인 것들 사이의 동일성의 형태로 생각했던 것은 속성들의 동일성이 아니라 개별체들의 동일성이다. 따라서 우리는 여전히 두 개의 서로 다른 속성들을 가지고 있고, 이 속성들과 관계해서 평행론을 주장할 수 있다.

스피노자의 사유의 영역에서, 평행론은 두 개의 실체 사이에서만 주장되는 이론이 아니다. 비록 정신과 신체가 동일한 개별체라고 하더라도 그것은 다른 속성이나 기술들을 가지기 때문에, 우리는 두 개의 개념 또는 속성 사이에서 평행론을 주장할 수 있다. 하나의 개별체가 두 개의 다른 속성 아래에서 정신적으로 또한 물리적으로 기술되기 때문에, 정신적으로 보여진 개별체와 물리적으로 보여진 (동일한) 개별체가 서로 개념적으로 평행한 관계에 있다고 주장할 수 있다. 또한 우리는 하나의 개별체를 각각의 방식에서 기술하는 정신적 속성과 물리적 속성 사이에서 평행론을 주장할 수 있다. 전자는 개념적 평행론이며, 후자는 속성 평행론이라고 하겠다.

스피노자의 심신론을 평행론으로 해석하는 학자들의 대부분은 그의 동일론적 진술을 간과할 뿐만 아니라, 정신과 신체가 평행한 이유에 대해서도 고찰하지 않고 있다. 그들은 단지 정신적인 과정들과 물리적인 과정들이 (동일하지 않고) 평행하다고 보면서, 물리적 세계에서 일어나는 모든 것들은 정신적 세계에서도 일어나고, 또한 그 반대도 마찬가지라고 주장하고 있다. 다음의 스피노자의 진술들은 그의 심신론을 평행론으로 해석하는 근거로 사용되고 있는 것들이다.

> 어떤 관념은 필연적으로 그 관념의 대상과 합일되어야 한다. 왜냐하면 전자는 후자 없이 존재할 수 없고, 후자도 전자 없이 존재할 수 없기 때문이다. 관념이 없다면 사물도 없을 것이고, 또한 사물이 존재하지 않으면, 아무런 관념도 존재하지 않을 것이다. 더나아가 관념이 변화해야만 그 대상은 변화할 수 있으며, 그 반대도 마찬가지이다.[19]

사유와 사물들의 관념이 정신 안에서 배열되고 연결되는 것과 마찬가지로, 신체의 변형이나 사물들의 상은 신체 안에서 배열되고 연결 된다. (『윤리학』 5부 서문)

정신에 있어서 관념들의 질서와 연결들은 신체의 변형들의 질서와 연결에 따라서 형성되고, 또한 반대로 신체의 변형들의 질서와 연결은 정신의 사색이나 사물들의 관념에 따라서 형성된다. (『윤리학』 5부 정리 1에 대한 증명)

위의 인용문들을 통해서 우리는 스피노자가 정신과 신체 사이의 어떤 우월성도 인정하지 않을 뿐만 아니라, 정신과 신체가 일대일로 대응하면서 평행한 관계를 유지한다는 것을 주장했음을 확인할 수 있다. 그러나 정신과 신체가 아무런 근거나 이유 없이 일대일로 대응하면서 평행하게 전개된다면 그것은 엄청난 우연의 일치로 보여진다. 스피노자는 이 점을 인식하고 있었다. 그는 정신과 신체가 인과적 상호작용에 의해서 나란히 나아가는 것이 아니라면 그것들 사이의 평행 관계를 있게 하는 이유가 반드시 있어야 된다고 보았다. 스피노자에게 정신적 사

19) Spinoza, *Short Treatise of God, Man and Human Welfare*, Part II, Chapter. XX, note c, # 10 in Curley (ed. and trans.), *The Collected Works of Spinoza*, vol. 1, (Princton: Princeton University Press, 1985), 136쪽.

건과 물리적 사건은 각각 다른 사건이 아니라 동일한 사건으로서, 하나의 사건이 정신적 속성과 물리적 속성 아래에서 한편으로는 정신적 사건으로, 다른 한편으로는 물리적 사건으로 표현될 뿐이다.

이렇게 정신적 사건과 물리적 사건이 동일한 사건으로서 한 종류의 사건들만이 존재한다면, 우리는 인과성에 대한 하나의 질서와 연결만을 발견하게 될 것이다. 그렇다면, 정신적 속성과 물리적 속성은 하나의 사건을 같은 원인들의 질서와 연결에 따라서 각각 정신적 사건으로 또는 물리적 사건으로 표현하는데, 여기에서 우리는 정신적 속성에서의 원인들의 질서와 연결이 물리적 속성에서의 원인들의 질서와 연결과 같다는 속성들 간의 평행한 관계를 볼 수 있다. 전통적인 평행론(실체 평행론)은 정신과 신체가 그 본성상 너무나 다르기 때문에 평행한 반면, 스피노자는 그것들이 동일하기 때문에 평행하다고 주장하고 있다. 평행론은 데까르뜨의 심신 상호 작용설에 대한 불만족에서 나왔으며, 역사적으로 이원론적 입장으로 다루어져 왔다. 따라서, 스피노자가 평행론을 동일론 안에서 전개시켰다는 것은 흥미로운 사실이라 하겠다. 이 점에 관한 그의 진술은 다음과 같이 전개된다.

예를 들어, 자연 속에 존재하는 원과 신 속에 존재하는 원의 관념은 두 개의 다른 속성을 통해서 설명되는 하나이고 같은 것이다. 그러므로 자연이 연장의 속성에 의해서 생각되든 사유의 속성에 의해서 생각되든, 또한 다른 어떤 속성에 의해서 생각되든, 우리들은 하나의 동일한 질서, 또는 원인들의 동일한 연결 즉 동일한 것이 상호 계기하는 것을 발견할 것이다. (『윤리학』 2부 정리 7의 주해)

정신과 신체는 한편으로 사유의 속성 아래에서 다른 한편으로 연장의 아래에서 인식된 하나이며 같은 것이다. 그러므로 자연이 이 속성 아래에서 또는 저 속성 아래에서 파악되든지 간에 사물의 질서와 연결은 하나이며, 결과적으로 우리 신체의 능동과 수동의 질서는 정신의 능동과 수동의 질서와 동시에 발생된다. (『윤리학』 3부 정리 2의 주해)

위의 인용문은 다음과 같이 정리될 수 있다. (1) 동일론 : 정신과 신체는 두 개의 다른 방식에서 표현된 동일한 것이다. 그러므로 (2) 하나의 원인들의 질서와 연결만이 존재한다. 결과적으로 (3) 평행론 : 정신의 질서와 연결은 신체의 질서와 연결과 동일하다. 이렇게 우리는 스피노자가 동일론에서 출발하여 평행론을 주장하고 있음을 볼 수 있다. 그는 정신과 신체의 동일성에서 사물들의 동일한 질서와 연결을 추론해 내고, 그것에 근거해서 평행론을 주장하고 있다. 스피노자는 정신의 질서와 신체의 질서가 평행하다는 사실은 정신과 신체의 동일성 (하나의 질서와 연결)의 결과로서 일어난다고 주장하고 있다.

4장을 마무리하며

스피노자의 심신론에 대한 관념론적 해석과 유물론적 해석에 대한 비판을 통해서 우리는 두 가지 사실을 알 수 있다. 첫째 그는 정신과 신체 사이의 인과 관계를 부정하고 있다는 사실이다. 둘째 정신과 신체의 실재를 동등하게 인정하고 있다는 사실이다. 심신 평행론적 해석은 이러한 전제들에 부합되기는 하지만, 유일 실체관에 근거를 둔 스피노자의 심신 이론의 핵심이 되는 심신 동일론과는 양립할 수 없는 것으로 보인다.

스피노자에게서 정신 A는 다른 정신 B의 원인이 된다. 만일 정신과 신체가 동일하다면, 정신 A는 신체 B'(=정신 B)의 원인이 된다. 이것은 정신과 신체 사이의 인과 관계를 부정하는 자신의 입장과 상충된다. 또한 평행론은 정신과 신체가 평행선을 그리면서 전개되는 정신과 신체의 분리를 주장하는 이원론이다. 반면, 동일론은 정신과 신체의 합일을 주장하는 일원론이다. 이것은 동일론과 평행론이 양립하기 어려운 또 하나의 문제점이다. 이 장에서는 스피노자가 자기모순을 범하지 않았다는 전제 하에서 그의 심신론은 동일론과 평행론을 함축하고 있다는 관점을 가지고 양자를 조화시키려는 시도를 해보았다.

동일론과 인과 관계의 문제에 대해서는 스피노자가 인과성을 불투명한 것으로 보았기 때문에 정신 A는 다른 정신 B의 원인이 되고, 정신과 신체가 동일하다고 하더라도 정신 A는 신체 B'(=정신 B)의 원인이 된다는 사실이 따라나오지 않는다는 것을 밝혔다. 그의 동일론은 정신과 신체 사이의 인과 관계를 부정하는 자신의 입장과 양립할 수 있다는 것이다. 이러한 사실은 정신과 신체 사이의 동일성을 주장하면서도 양자 간의 인과적 상호작용을 부정할 수 있다는 점을 알려 주고 있다.

다음으로 일원론과 이원론의 문제에 관련해서, 스피노자의 심신 동일론과 평행론은 그의 형이상학 이론인 실체 일원론과 속성 이원론에 각각 근거를 두고 있는 것으로 보았다. 실체 일원론으로부터 우리는 정신과 신체가 하나의 동일한 개별체라는 것을 추론해 낼 수 있으며, 속성 이원론으로부터는 정신적 속성과 물리적 속성은 동일한 속성이 아니라 두 개의 다른 속성이라는 것을 추론해 낼 수가 있다. 사유하는 실체와 연장된 실체가 각각 다른 속성 (사유와 연장) 아래에서 표현된 동일한 실체인 것처럼, 정신적 사건과 물리적 사건은 각각 다른 속성 아래에서 표현된 동일한 사건이다. 하나의 사건이 정신적 속성 아래에서 표현될 때는 정신적 사건이며, 물리적 속성 아래에서 표현될 때는 물리적 사건이 된다. 이렇게 스피노자가 주장한 정신과 신체 사이의 동일성은 속성들 사이의 동일성이 아니라, 정신적 사건과 물리적 사건들 사이의 동일성이다. 스피노자는 동일론적 주장을 정신적 사건과 물리적 사건의 관계에 적용시키는 반면, 평행론적 주장을 정신적 속성과 물리적 속성과 연관지어서 전개시키고 있다.

이러한 평행론은 실체 평행론과는 달리 그의 유일 실체관에 상반되지 않을 뿐 아니라, 그의 심신론의 핵심이 되고 있는 동일론과도 조화를 이룬다. 그에게 동일론과 평행론은 서로 양립될 수 있는 이론일 뿐만 아니라 서로 밀접한 관계를 가지고 있다. 그의 심신이론의 핵심은 정신과 신체가 동일하다는 것이며, 이러한 동일성의 기반 위에서 평행론을 주장하고 있다. 그의 평행론은 정신과 신체가 신비스럽게 서로 일대일로 대응하면서 평행한 관계를 유지하는 두 개의 과정이 있는 것이 아니다. 거기에는 다만 하나의 과정만이 있고, 그것이 한편으로는 사유하는 것으로 다른 한편으로는 연장하는 것으로 나타나면서 평행한 관계를 유지하고 있다. 정신과 신체가 서로 평행한 관계를 유지하면서 일대일로 대응하는 이유는 정신과 신체가 동일하기 때문이다. 따라서 동일론과의 관계에 대한 고찰 없이 평행론을 주장한다면 그것은 스피노자의 심신론에 대한 적절한 해석이 될 수 없다. 그의 심신론은 동일론과 평행론을 함축하고 있는 이론으로 해석되어야 한다.

제5장

윤리학 : 최고 행복에 이르는 길

I. 예비적 고찰

II. 감정론

III. 윤리학:최고 행복에 이르는 길

윤리학 : 최고 행복에 이르는 길

스피노자에 의하면 인간의 본질에는 '자신을 보존하려는 욕망'이 있다. 이 욕망 때문에 인간은 더 완전해지려고 한다. 그 결과 인간은 더 완전한 상태로의 이행인 기쁨을 바라고, 덜 완전한 상태로의 이행인 슬픔은 피하려고 한다. 그리고 우리에게 기쁨을 주는 대상은 사랑하고, 슬픔을 주는 대상은 미워한다. 이렇게 자기를 보존하려는 욕망이 인간의 본질이라면 나에게 기쁨을 주는 대상은 나를 더 완전하게 하기 때문에 사랑하고, 슬픔을 주는 대상은 나를 덜 완전하게 하기 때문에 미워하는 것이 정당화 된다. 그러나 실제로 사랑과 미움을 그렇게 정의하는 것이 정당화되는가? 아니면 데까르뜨처럼 이러한 감정은 영혼의 정념(passion)이므로 인간이 벗어나야 할 부정적인 것이며, 의지를 통해 정신이 이것을 지배하여야 하는 것인가? 스피노자의 윤리학은 두 경우를 모두 거부하고 제3의 길을 제시한다.

그는 우선 감정을 수동 감정과 능동 감정으로 구분한다. 그리고 이를 부적합인 인식과 적합한 인식과의 관계에서 설명한다. 정념, 즉 수동적인 감정은 부적합한 관념에 기반을 두고 있다. 능동 감정은 정념의 예속 상태에서 벗어나 인간이 자신의 감정을 스스로 결정할 수 있는 감정이다. 그는 감정을 통제하지 못하는 인간의 무력함을 예속이라고 한다. 인간이 이 감정의 노예 상태에서 벗어나는 길은 외부대상에 대한 적합하게 인식하는 데 있다. 인간 정신은 능동적으로 인식해서 타당한 관념을 가질 때, 모든 수동 감정에서 벗어나서 기쁨과 욕망이라는 능동 감정을 가지게 된다. 이러한 사실로부터 우리는 정념으로서의 사랑도 같은 방법에 의해 능동적인 사랑이 된다는 것을 알 수 있다. 이처럼 인식론의 도움을 받아 감정을 이용함으로써 감정의 지배에서 벗어나는 것이 스피노자가 제시하는 길이다. 이 길에서 우리는 인식의 최고 단계인 신에 대한 인식에까지 다다를 수 있다. 신에 대한 인식은 우리에게 최고의 기쁨을 주고, 이 기쁨은 신에 대한 지적인 사랑으로 이어진다. 그리고 이 지적인 사랑으로 마음의 평화를 누리게 되고, 최고의 정신적 만족을 얻게 된다. 이것이 인간의 최고 행복인 것이다. 그럼 스피노자가 제시하는 최고 행복에 이르는 길을 구체적으로 논의해 보기로 하자.

I. 예비적 고찰

최고 행복에 이르는 과정을 이해하기 위해서 먼저 고찰해야할 이론들이 있다. 왜냐하면 그 과정은 감정론에 기초하고 있으며, 그의 감정론은 인식론과 병행하면서 전개되고, 또한 인식론은 그의 형이상학적 세계관과 맞물려 있기 때문이다. 따라서먼저 우리는 스피노자가 인간의 진정한 행복을 찾으려고 『윤리학』에서 전개한 순서에 따라 결정론, 인식론, 감정론을 간략하게 고찰할 것이다. 그런 다음, 최고 행복에 이르는 길에 대한본격적이고 구체적인 논의를 진행할 것이다.

1. 결정론과 자유 의지

스피노자에게 존재하는 모든 것은 신적 본성의 필연성, 즉우주의 법칙에서 생긴다. 그러므로 자연에는 우연적인 것이 하나도 없고, 존재하는 모든 것은 일정한 방식으로 작용할 수 있도록 신의 본성의 필연성에 의해 결정되어 있다. 신(실체, 자연)은 모든 사물의 존재의 원인일 뿐만 아니라 모든 사물의 본질에 대한 작용원인이다. 다시 말하면 개물은 결과로서만 있는것이 아니고, 결과로 있으면서 어떤 작용을 하게끔 되어 있다.이것도 실체의 필연적인 원인에 의한 것이라고 스피노자는 말하고 있다. 신으로부터 결정 받지 않은 사물은 자신을 작용하도록 결정할 수 없다. 세계의 모든 존재와 작용, 다시 말해 만물의 질서는 실체에서 연유한 것이다. 그러므로 모든 것은 실체의 본성이 지닌 필연성에 의해서 존재하도록 결정될 뿐만 아니라, 일정한 방법에 의해 존재와 작용에로 결정되므로 우연적인 것은 하나도 존재할 수 없다. 스피노자는 마치 삼각형의 본성에서 그 내각의 합이 두 직각이 되는 것이 필연적인 것과 같이 양태는 실체의 필연적인 결과라고 본다. 우리는 스피노자의 형이상학적 체계가 실체-양태 관계의 인과적 필연성이라는 논증에 의해서 모든 것이 설명될 수 있음을 볼 수 있다. 실체와 속성과 양태의 관계는 필연적인 관계를 맺고 있으며, 이것들이 이루는 자연 전체는 필연적인 인과의 법칙에 따라서 움직여 나가는 기계론적 체계로서 아주 잘 짜여진 계획처럼 존재하고 있다. 이러한 그의 형이상학적 체계는 엄격한 결정론으로 해석되고 있다.

다음의 스피노자의 진술은 그의 결정론적 관점을 가장 잘 나타내주고 있다.

자연 가운데에는 하나도 우연적인 것은 존재하지 않으며, 모든 것은 일정한 방식으로 존재하고 작용하도록 신의 본성의 필연성에 의해 결정되어 있다. (『윤리학』 1부 정리 29)

사물은 현재 산출되고 있는 것과는 다른 어떤 방식이나 질서에 의해 신으로부터 산출될 수가 없었다. (『윤리학』 1부 정리 33)

이러한 결정론에 의해 스피노자는 인간의 자유 의지를 부정한다. 우리는 흔히 자유를 필연과 대립되는 개념으로 생각한다. 그래서 필연으로부터 벗어나서, 자신의 의지에 의해 행동할 때, '자유로운 것'이라고 말한다. 그러나 스피노자에게 자유와 필연은 분리된 개념이 아니다. 그는 자유를 "자기 본성의 필연성에 의해서만 존재하고, 자기 자신에 의해서만 행동을 결정하는 것"이라고 정의한다. 그리고 '필연적', '강제된다'라는 말은 "어떤 일정한 방식으로 존재하고 작용하도록 결정되는 것"이라고 정의한다(『윤리학』 1부 정의7).

필연이나 강제로부터 벗어나는 것이 일반적인 자유 개념이다. 이 자유 개념은 '의지로서의 자유' 또는 '선택의 자유'라고도 지칭되는 '자유 의지'를 의미한다. 그러나 스피노자에게는 필연성으로부터 벗어나는 것이 자유가 아니다. 오히려 이 필연성을 자신의 본성으로 가질 때 자유롭게 된다. 다시 말해 필연성을 자신의 본성으로 가지게 되면 다른 것에 의해 자신의 존재와 행동이 결정되는 것이 아니다. 오히려 자기 자신에 의해, 즉 스스로 존재와 행동을 결정하기 때문에 자유로운 것이다. 짐작하고 있듯이 이러한 존재는 다름 아닌 신(실체)이다. 따라서 신만이 자유로운 존재이고, 다른 존재하는 모든 것은 신적 본성의 필연성에 의해 완전히 결정되어 있다.

여기서 한 가지 흥미로운 것은 스피노자가 인간의 자유 의지를 부정했을 뿐만 아니라 신의 자유 의지도 부정했다는 것이다. 스피노자에게 신은 자신의 의지에 의해 자유롭게 선택할 수 있는 존재가 아니다. 오히려 그에게 신은 자기 본성의 필연성에 의해 행동해야 하는 존재인 것이다. 스피노자에 의하면 신에게 자유 의지가 있다고 생각하는 것은 신을 인간의 관점에서 생각하고 의인화시킨 결과이다. 그에게 신은 자유 의지에 의해 행동하는 것이 아니라 자신이 지니고 있는 본성의 필연성에 의해 행동한다. 그렇기 때문에 신은 더욱 완전하고 자유롭다.

또한 그에 의하면 인간에게 자유 의지가 있다고 생각하는 사람들은 인간이 자연의 일부임에도 불구하고 자연의 공통법칙을 따르지 않는다고 생각한다. 오히려 자연 바깥에 존재하는 사물처럼 자신의 능력대로 자유롭게 행동할 수 있다고 본다. 그들은 자연 안의 인간을 자연의 질서에 순응하지 않는 존재 즉 자신의 의지에 따라 자유롭게 행동할 수 있는 존재로 보는 것이다. 이는 마치 왕국 안에 또 다른 왕국을 만든 것처럼 부조리하다. 자연의 법칙과 규칙은 항상 동일하고 자연 안에 존재하는 모든 사물은 이 자연의 보편적인 법칙에 따르지 않으면

안 된다(『윤리학』 3부 서문). 인간이 스스로 자유 의지가 있다고 생각하는 것은 인간의 상상력이나 착각일 뿐이다. 이러한 착각은 인간이 자기 의식을 하기 때문에 발생한다. 내가 던져서 날아가고 있는 돌이 자신이 날아가고 있다는 사실을 의식하고 있다고 가정해보자. 그리고 날아가고 있다는 사실의 원인인 내가 던져졌다는 사실을 모른다면 그 돌은 자신의 의지로 자유롭게 날아간다고 생각할 것이다. 우리는 이 돌을 조롱할 것이 틀림없다. 그런데 우리 인간이 이 돌과 같은 처지에 있다는 것이다. 따라서 원인에 대한 올바른 인식 더 나아가 자연의 필연적 인과 관계에 대한 인식은 자유 의지에 대한 착각에서 벗어날 수 있게 해준다.[1] 이 자유 의지의 부인은 스피노자의 윤리학의 토대가 되고 있다. 또한 나중에 보겠지만 자유 의지의 부인은 우리가 정념의 노예상태에서 벗어날 수 있는 데 결정적인 역할을 한다.

---

1) 인간은 이 신적 본성의 필연성을 더 많이 인식하면 할수록 그만큼 더 자유롭게 된다. 다시 말해 인간은 자신이 신의 필연성에 의해 결정된 존재라는 사실을 깨달을 때 자유롭게 되는 것이다. 이것은 인간이 자유 의지에 대한 착각에서 벗어날 때 비로소 자유로워진다는 것을 의미한다.

2. 인식의 세 단계[2)]

스피노자는 인식을 세 종류로 나눈다. 첫 번째는 상상에 의한 인식, 두 번째는 이성에 의한 인식, 세 번째는 직관에 의한 인식이다. 스피노자의 윤리학은 일반적으로 인식론과 평행을 유지한다. 이러한 사실은 정념, 즉 수동적 감정으로부터 해방되는 것이 인식론과의 관계를 떠나서 설명될 수 없다는 것을 의미한다. 따라서 스피노자의 윤리학에 대한 예비적 고찰로써 인식에 관한 그의 입장을 살펴보는 과정이 필요하다.

(1) 상상력에 의한 인식

상상에 의한 인식에는 소문에 의한 인식과 막연한 경험에 의한 인식이 있다. 소문에 의한 인식은 나의 생일, 이러이러한 부모에게서 태어났다는 사실, 그 밖의 비슷한 것들에 대해서 들어서 알고 있는 지식이다. 그리고 막연한 경험에 의한 지식이란 우리들이 경험한 세계와 모순되는 다른 세계를 지각하지 못했다는 이유로 이를 받아들이는 지식이다. 예를 들어 우리는 막연한 경험에 의해 미래에 죽을 것을 안다. 이것은 우리가 사

---

2) 스피노자가 주장하는 인식의 세 단계에 대해서는 『윤리학』 2부와 『지성개선론』을 참조할 것.

람들이 죽는 것을 보았기 때문에 아는 것이다. 또한 막연한 경험과 관찰에 의해 우리는 기름은 불을 내기에 알맞은 것이고, 물은 불을 끄기에 알맞은 것임을 안다. 이런 식으로 우리는 인생을 살아가는 데 필요한 거의 모든 것을 상상에 의한 인식으로 알게 된다. 그러나 막연한 경험과 관찰에서는 대상들을 분리해서 인식하기 때문에 그것들이 연결되는 관계나 법칙을 밝혀낼 수가 없다.

(2) 이성에 의한 인식

스피노자에게 첫 번째 인식은 오류의 가능성을 항상 안고 있다. 반면에 두 번째와 세 번째 종류의 인식은 필연적으로 참이다. 두 번째 인식인 '이성에 의한 인식'의 예를 스피노자는 다음과 같이 제시한다. 현상들의 어떤 공통 개념을 기초로 해서 이성의 도움을 받아 우리는 시력의 본성을 알게 된다. 그래서 시력에는 동일물이라도 멀리 떨어져서 보면 가까이 볼 때보다 작게 보이는 특성이 있다는 것을 알게 된다. 그렇다면 우리는 이것에 근거해서 태양이 눈에 보이는 것보다 훨씬 크다거나 이와 비슷한 결론을 내릴 수 있다.

이 두 번째 인식은 현상들이나 사물들에 공통적으로 있는 개념들을 기초로 형성된다. 우리는 이성의 도움에 의해 이 공통 개념들을 토대로 사물들의 법칙들과 연결된 관계들을 발견하게 된다. 이처럼 이성에 의한 인식은 다름 아닌 과학적 인식의 단계이다. 이 인식은 무수한 법칙과 무수한 연결고리의 관계들을 끝까지 추구하고 밝혀낸다는 점에서 첫 번째 단계의 인식보다 훨씬 월등하다. 그러나 이 인식은 전체로서의 우주체계에 관한 전반적인 관점을 주지 못한다는 점에서 매우 추상적이다. 그리고 이 과제는 세 번째 종류의 인식만이 수행할 수 있다.

(3) 직관에 의한 인식

스피노자는 세 번째 인식인 직관에 대해 다음과 같이 설명한다. 선분 A가 선분 C와 평행이고, 선분 B가 선분 C와 평행이면 선분 A와 선분 B가 평행하다는 것을 우리는 직관에 의해 안다. 그리고 2에 대한 3의 관계처럼 4에 관계되는 수를 구할 때, 우리는 직관으로 6이라는 것을 안다. 이렇게 직관은 어떠한 추론과정을 거치고 않고 한 번에 아는 것을 의미한다. 그런데 스피노자는 이 직관에 의한 인식을 전체로서의 우주체계에 대한 인식에 적용시킨다. 즉 신적 본성의 필연성을 직관으로 인식할 수 있다고 주장한다.

그러나 이 직관지에 대해 스피노자가 언급한 내용이 너무 적기 때문에 많은 논란이 있어 왔다. 스피노자는 신적 본성의 필연성을 인식하는 직관을 어떤 영감으로 인해 얻을 수 있는 신비적인 직관으로 해석될 수 있는 여지를 남겨놓고 있을 뿐 아니라, 이 직관에 의한 인식을 이성에 의한 과학적 인식과 심지어 상상에 의한 인식과도 연관시키고 있다. 인식의 세 단계를 비유적으로 새로운 언어를 배우는 과정으로 설명해보자. 우리는 처음에 알파벳을 배우고, 그럼 다음 문법에 따라 한 단어에서 글자들이 어떻게 조합을 이루는지 배운다. 또한 한 문장에서 단어들이 어떻게 조합되는지 배운다. 그런 다음, 마침내 문장과 문단의 의미를 한 눈에 알게 된다. 이와 유사하게 우리는 자연이라는 커다란 책을 배운다. 처음에 우리는 독립적인 사실과 사건들을 관찰하게 되고, 그런 다음 그것들의 연결고리와 법칙들을 이해하게 된다. 그리고 마침내 자연전체에 대한 직관을 얻게 된다. 이렇게 직관에 의한 인식은 이성적 인식의 단계를 거쳐 이루어지는 것이다. 그리고 이것은 모든 것 안에 있는 신, 그리고 신 안에 있는 모든 것을 인식하는 통찰력이다.[3] 이처럼 스피노자는 인간 이성에 근거한 인식을 통해서 신적 본성의 필연성을 인식할 수 있는 길을 열어 놓고 있다.

II. 감정론

스피노자의 윤리학을 고찰하기 위해서는 그의 감정론의 기

---

[3] 같은 논문 18쪽.

본적인 형태를 또한 살펴보아야 한다. 왜냐하면 스피노자의 윤리학의 목표는 인간 행복의 증진을 위한 것인데, 그는 최고 행복에 이르는 길이 감정의 노예상태에서 벗어남으로써 가능하다는 입장을 가지고 있기 때문이다. 스피노자는 감정을 다음과 같이 정의한다.

> 감정(affectus)이란 우리의 신체의 활동 능력을 증대하거나 감소하며, 촉진하거나 저해하는 신체의 변용(affectio)인 동시에 그러한 변용의 관념이라고 이해한다. (『윤리학』3부 정의 3)

감정(affectus)에는 '움직여진다'는 뜻이 있다. 변용(affectio)은 신체가 현재 자극받고 있는 상태이다. 반면에 감정은 현재 자극 받은 신체의 상태가 이전의 자극상태와 비교해서 어떻게 움직여졌는가에 초점이 맞추어진다. 즉 감정은 지금의 신체의 상태가 이전 상태보다 증대되고 감소되는 이행을 뜻한다. 갈증이 나서 물을 마신 경우에 대비해보면, 변용은 물을 마신 신체의 자극상태이다. 그리고 감정은 지금 물을 마신 상태가 이전의 상태(갈증이 났던 상태)와 비교해서 신체의 활동이 증대된 이행이다. 그리고 이 감정은 다름 아닌 기쁨에 속하는 감정이다.

스피노자는『윤리학』3부에서 많은 감정들을 분석한다. 그 것은 '코나투스(conatus)' 개념에서 시작된다. '코나투스'는 스피노자가 주장하는 감정론의 근본 원리일 뿐만 아니라, 그의 윤리학의 토대가 되고 있는 개념이다. 모든 사물은 가능한 한, 그리고 자신의 힘이 미치는 한 자신의 존재를 유지하려고 노력한다. 또한 모든 사물은 자신을 소멸시킬만한 반대의 성질을 자기 안에 가지고 있지 않기 때문에 어떠한 사물도 외부 원인에 의하지 않고는 그 자체로 소멸될 수 없다. 이렇게 각 사물이 자신을 보존하려는 노력이 코나투스이고, 그것은 각 사물의 본질이 된다(『윤리학』3부 정리 4~7).

코나투스가 인간 정신에 관련될 때는 '의지'라고 한다. 그리고 코나투스가 정신과 신체에 모두 관계될 때는 충동이라고 한다. 또한 충동이 의식을 동반하는 경우 욕망이라고 한다. 욕망은 코나투스의 인간학적 표현일 뿐이다. '**충동**'에 의해서 배가 고프면 밥을 먹는 경우, 자기보존을 위해 밥을 먹으려는 노력, 즉 충동한다는 사실을 의식하지 못한다. 반면에 '**욕망**'에 의해서 밥을 먹는 경우는 밥을 먹으려는 노력, 즉 충동을 의식하고 있다는 점이 다르다. 다시 말해 욕망은 의식을 동반한 충동이고, 이 의식 때문에 인간은 자신의 자유 의지에 의해서 밥을 먹었다고 생각하는 것이다.

스피노자는 인간의 기본 감정으로 세 가지(욕망과 더불어 기쁨과 슬픔)를 내세운다. 어떤 사물이 신체의 활동 능력에 영향을 미칠 때, 그 사물에 대한 관념은 우리 정신의 활동 능력에 영향을 미친다. 그래서 정신은 신체의 변화에 따라 때로는 더 완전한 상태로, 때로는 덜 완전한 상태로 옮겨가면서 많은 변화를 겪는다(『윤리학』3부 정리 11과 그 주해). 기쁨과 슬픔의 감정들은 정신의 이러한 변화 상태와 관계된다. 그래서 스피노자는 기본 감정인 기쁨과 슬픔을 다음과 같이 정의한다 : "기쁨은 정신이 더 큰 완전성의 상태로 이행하는 수동이고, 반면에 슬픔은 더 작은 완전성의 상태로 이행하는 수동이다"(『윤리학』3부 정리 11의 주해). 욕망, 즉 자기 보존의 노력 때문에 정신은 신체의 활동 능력을 증대시키거나 촉진시키는 것을 가능한 한 인식하려고 하고, 신체의 활동 능력을 감소하거나 저해하는 것을 가능한 한 인식하지 않으려고 한다. 그리고 감소하거나 저해하는 것을 인식하게 될 때는 그러한 것을 배제할 수 있는 사물을 가능한 한 상기하고자 한다(『윤리학』3부 정리 12와 13). 자기를 보존하려는 코나투스에 의해서 우리를 더 큰 완전성에로 이행시키는 기쁨을 받아들이고, 덜 완전하게 이행하는 슬픔은 배제하려고 한다. 그래서 우리에게 기쁨을 주는 대상 즉 우리를 더 완전하게 하는 대상은 사랑하고, 우리에게 슬픔은 주는 대상 즉 우리를 덜 완전하게 하는 대상은 미워한다. 그래서 스피노자는 '사랑'을 외부원인의 관념을 동반하는 '기쁨'으로 정의하고, '미움'을 외부원인의 관념을 동반하는 슬픔으로 정의한다. 이처럼 인간 정신은 코나투스에 의해서 신체

및 자기 자신을 긍정한다. 또한 신체의 보다 큰 완전, 즉 자기 자신의 보다 큰 완전을 긍정하기 때문에 이를 돕는 것을 사랑하고, 이를 방해하는 것을 미워한다.

감정에 관한 스피노자의 입장을 다시 정리해 보자. 인간의 본질은 욕망이고, 욕망하는 자는 자신을 보존하려고 노력하는 자이다. 따라서 자기 자신의 심신을 보다 큰 완전성으로 옮기려고 한다. 그 결과 인간은 기쁨(더 완전한 상태로의 이행)을 바라고, 슬픔(덜 완전한 상태로의 이행)은 피한다(『윤리학』 3부 정리 28). 그리고 기쁨을 주는 것은 사랑하고, 슬픔을 주는 것은 미워한다. 이 기쁨과 슬픔의 관계에서 사랑과 미움이 나오고 또한 사랑과 미움이 여러 가지로 갈라져서 일체의 감정이 생긴다. 이것이 스피노자가 말하는 감정의 발생과 감정에 대한 정의이다. 감정론은 그의 윤리학을 살펴보면서 구체적으로 논의된다.

III. 윤리학 : 최고 행복에 이르는 길

스피노자에 의하면 인간은 정념 즉 수동적인 감정에 예속되어 있다. 이 예속의 상태에서 해방되어 자유인이 되는 것이 스피노자의 윤리학의 목표이다. 왜냐하면 인간의 진정한 최고 행복은 어떤 외부의 상황에도 마음의 동요를 전혀 일으키지 않는 평정의 상태에 이를 때 가능한데, 감정의 노예에서 해방된 자유인만이 그 경지에 이를 수 있기 때문이다. 이 자유인은 어느 누구도 미워하거나 멸시하거나 조롱하지 않고, 모두에게 관용, 즉 사랑을 베푼다. 그리고 다른 사람들도 자신과 같은 자유인이 되기를 욕구한다. 이처럼 그의 윤리학의 목표인 인간이 최고 행복에 이르는 길은 수동적인 감정의 노예상태에서 올바른 인식을 통해 능동적인 감정을 소유함으로써 자유인이 되는 데 있다. 우리는 그의 감정론의 가장 중심개념인 '사랑'의 세 단계를 통해서 자유인이 되는 과정, 즉 최고 행복에 이르는 구체적인 과정을 올바르게 인식할 수 있다.

1. 감정의 노예 상태 : 정념으로서의 사랑

정념으로서의 사랑의 대표적인 경우는 감정의 노예가 된 대부분의 사람이 경험하는 것이다. 스피노자는 사랑을 "외부원인에 대한 관념에 의해 동반된 기쁨"이라고 정의한다. 그에게 사랑은 어떤 대상이 나에게 주는 기쁨이다. 이것은 어떤 대상이 우리에게 기쁨을 주면 우리는 그 대상을 사랑한다는 것을 의미한다.[4]

---

4) 예를 들어 "나는 너를 사랑한다"는 말은 "너는 나에게 기쁨을 준다" 또는

정념으로서의 사랑에서 나타나는 두드러진 특징은 그것이 과도하다는 것이다. 사랑은 수동적 감정이라는 지위 때문에 자주 절제하지 못하게 된다. 이런 사랑의 힘은 신체의 다른 활동을 능가할 수 있을 만큼 크기 때문에 끈질기게 인간에게 달라붙는다. 예를 들어 대중가요나 인터넷 게임 등에서 얻을 수 있는 기쁨이 신체의 다른 활동을 능가한다고 해보자. 그렇게 되면 대중가요나 인터넷 게임에 대한 사랑은 무절제해지고 과도하게 된다.5) 스피노자는 정념으로서의 사랑이 지니는 물리적 측면도 강조한다. 그것들의 보기들은 폭음, 포식, 성욕 등과 같은 신체와 관계된 강박관념들이다. 정념으로서의 사랑이 지니는 다른 특징에는 부적합한 관념들에 기반을 두고 있는 만큼 강제력을 지니고 있다. 이것의 흔한 보기로 모든 명백한 증거에도 불구하고 천방지축의 자식을 무조건 옹호하는 부모의 고집스러운 사랑이 있다. 자기 자식에 대한 정념으로서의 사랑은 자식이 지닌 성격상의 결점이 있음에도 불구하고, 그것을 간과한 채 그렇지 않다고(자기 자식이 그럴 리 없다고) 생각도록 강제한다.6) 이러한 종류의 사랑은 자기 결정적이지 않고 수동

"너로 인해서 나는 더 완전하게 된다"라는 말과 다름이 없다.
5) 이런 경우, 부모가 인터넷 선을 절단해서 게임을 하지 못하게 하면 식음을 전폐할 정도로 슬퍼하게 되는 경우도 있다. 그 이유는 인터넷 게임을 하면서 얻는 '기쁨', 즉 자신의 '더 큰 완전성'이 더 작은 완전성으로 이행했다고 생각하기 때문이다.

적이다. 이것은 부적합한 관념들과 상상력에 기반을 두는 기쁨에 지나지 않는다.

그러나 스피노자가 정념으로서의 사랑을 부정적으로 본 것만은 아니다. 우선 스피노자는 사물들에 대한 물리적이고 감각적인 사랑을 (비록 조금이지만) 인간 행복에서 하나의 역할로 인정한다 : "사물들을 이용하여 그것들을 가능한 한 즐기는 것은 현자에게 적합하다. 알맞게 요리된 맛좋은 음식과 기분 좋은 향료, 달콤한 향기, 푸른 식물의 아름다움, 장식, 음악, 운동경기, 연극 그리고 다른 사람들을 해치지 않고 각자가 이용할 수 있는 이와 같은 종류의 것으로 자신을 상쾌하게 하며 원기를 북돋우는 것은 현자에게 어울린다"(『윤리학』 4부 정리 45의 주해) ; "실제로 즐거워하는 것을 금지하는 것은 음울하고 슬픈 미신뿐이다"(『윤리학』 4부 정리 45의 주해). 이처럼 정념으로서의 사랑이 언제나 부정적인 것만은 아니다.

이 정념으로서의 사랑이 구체적으로 전개되는 과정을 살펴보자. 자기가 사랑하는 사람을 기쁘게 하는 사람을 우리는 사랑한다. 이것은 호의가 된다. 그리고 그 사람을 인정하고 과대평가하게 된다. 그리고 자신이 미워하는 것을 기쁘게 하는 사

---

6) 남녀 사이에서 사랑하는 사람의 결점이 결점으로 보이지 않는 경우도 마찬가지의 경우이다.

람을 우리는 미워한다. 그리고 그 사람을 부정하고 멸시하게
된다. 자기가 사랑하는 것을 슬프게 하는 사람을 우리는 미워
한다. 이것은 분노가 된다. 자기가 미워하는 것을 슬프게 하는
사람을 우리는 사랑한다.

그러나 스피노자가 말하는 사랑 개념에는 몇가지 문제점이
있다. 먼저 "외적 원인의 관념을 동반하는 기쁨"이라는 정의가
일상적으로 사용하는 사랑 개념에 포함된 집착, 애정, 관심 따
위의 모든 영역을 설명해 줄 수 있을지 의문스럽다는 것이다.
그리고 또 다른 문제점은 사랑의 적용범위가 너무 넓다는 것이
다. 그의 사랑 개념은 많은 호의적인 감정들을 포함하는 총칭
적인 용어로 이해될 수 있다. 따라서 사랑의 다른 정도와 다양
함을 구별하는 것은 어렵게 된다. 예를 들어 친한 친구와 시간
을 보냄으로써 발생하는 기쁨과 초콜릿을 먹는 행위에서 발생
하는 기쁨 모두에 사랑이라는 이름이 주어지게 된다. 이렇게
사랑의 정의가 너무 넓기 때문에 덧없는 신체적 기쁨인 쾌감과
오랜 기간의 정서적인 집착뿐만 아니라 학문적 관심까지 모두
포함하는 결과가 나온다. 스피노자는 일반적인 사랑과 특별한
형태의 사랑의 구분 그리고 다른 대상에 대한 사랑의 본성 등
에 대해 거의 지적하지 않고 있다. 그는 『윤리학』에서 이러한
비판을 예상하고 있었다. 그러나 그는 이런 다양한 형태의 사
랑에 대한 연구가 심리학의 과제이지, 철학적인 관심이 아니라

고 생각하였다. 예를 들어 부인에 대한 사랑과 자식에 대한 사랑 사이에 큰 차이점이 있는 것은 분명하지만, 철학에서는 이러한 차이점을 조사할 필요가 없다는 것이 그의 입장이다. 다시 말해 스피노자는 『윤리학』에서 제기하는 목적을 위해서는 감정을 통제할 수 있도록 감정과 정신의 **일반적인** 특성들을 이해하는 것으로 충분하다고 보았던 것이다.

정념으로서의 사랑에 대한 스피노자의 설명은 인간 심리의 한 부분에 대한 정확한 진단에 기반을 두고 있다. 모든 종류의 사랑에는 공통점이 있다. 그것은 바로 이기적인 측면이다. 예를 들어서 우리는 애완 동물이든 아이스크림이든, 또는 사람이든 음악이든, 단지 기쁨을 준다는 이유만으로 그러한 것들을 사랑한다. 이렇게 기쁨을 준다는 이유만으로 사랑한다는 것이 바로 사랑이 지니는 이기적인 측면이다. 여기서 말하는 기쁨이란, 스피노자에 의하면 나를 이전 상태보다 좀 더 완전하게 만들어주는 것이다.

또한 그는 사랑 개념에서 기쁨의 근원인 외부대상을 강조함으로써 사랑이란 감정의 난해함을 설명할 수 있는 기반을 마련한다. 우리의 수동적 감정, 즉 정념의 본성은 필연적으로 우리가 영향을 받은 대상의 본성을 포함한다(『윤리학』 3부 정리 56). 그래서 초콜릿을 먹는 기쁨으로부터 발생하는 사랑은 초콜릿의 본성을 포함하고, 음악을 듣는 기쁨으로부터 발생하는 사랑은 그 음악의 본성을 포함한다. 스피노자는 이 점을 다음과 같은 방법에서 증명한다 : 우리는 부적합한 인식을 가지는 정도만큼 수동적이다(『윤리학』3부 정리 3). 어떤 대상을 (부적합하게) 인식할 때, 우리는 우리 신체의 본성과 외부물체의 본성에 영 향을 받는다(『윤리학』2부 정리 17의 주해). 그러므로 모든 수동적 감정은 그것이 관계하는 외부 대상의 본성을 포함해야 한다. 따라서 다양한 외부 대상들이 있는 만큼 많은 다른 종류의 사랑이 있게 된다. 하지만 사랑에 대한 스피노자의 설명이 이러한 정념으로서의 사랑에 대한 분석에만 놓여 있다면 불충분하다. 그것은 사랑에 의해 유발되는 이타적인 행위에 대한 설명을 전혀 할 수 없기 때문이다. 그럼 다음 절에서는 이타적인 행위에 대해 설명할 수 있는 사랑에 대해 살펴보기로 하자.

2. 예속에서 해방으로 : 자기 결정적인 사랑

우리는 위에서 부적합한 관념에 기반을 두고 있는 수동적인 사랑, 즉 사랑의 가장 일반적인 형태인 정념으로서의 사랑에 대해 살펴보았다. 이 형태의 사랑은 이기적이기 때문에 많은 부정적인 감정과 인간 상호간의 분쟁의 원인이 될 수 있고, 불화가 발생할 수 있는 근원이 된다. 그런데 스피노자에게 자기를 보존하려는 욕망이 인간의 본질이다. 그렇다면 나에게 기쁨을 주는 대상은 나를 더 완전하게 하기 때문에 사랑하고, 슬픔을 주는 대상은 나를 덜 완전하게 하기 때문에 미워하면서 살아가는 것이 정당화되는 것인가? 아니면 데까르뜨처럼 이러한 감정들은 영혼의 정념(passion)으로 인간이 벗어나야 할 부정적인 것이고, 정신이 의지에 의해 이것들을 지배하여야 하는가? 스피노자는 제3의 길을 제시한다. 전자의 경우에는 그것이 부적합한 인식에서 생긴 감정이기 때문에 그 대상들이 정말로 나를 더 완전하게 하거나 덜 완전하게 하는 것이 아니다. 잘못된 인식에 근거한 착각의 상태일 뿐이다. 후자의 경우에는 스피노자는 정신의 자유 의지를 부정했기 때문에 의지가 감정을 지배하도록 하는 데까르뜨의 방법에 대해 반박한다. 이 방법은 정신과 신체 사이의 우월성과 인과 관계를 부정하는 그의 심신 평행론에도 모순된다.

스피노자는 우선 감정을 수동 감정과 능동 감정으로 구분해서 이를 부적합인 인식과 적합한 인식과의 관계에서 설명한다. 인식론의 도움을 받아 감정을 이용해서 감정의 지배에서 벗어나고자 하는 것이 스피노자가 제시하는 길이다. 데까르뜨에게는 모든 감정이 정념이다. 정념은 그 어원에서 볼 수 있듯이 수동적인 감정이다. 수동적이라는 것은 인간이 스스로 결정하는 것이 아니라 외부의 원인에 의해 그렇게 되도록 강제된다는 것을 뜻한다. 따라서 정념은 우리가 스스로 결정해서 가지는 감정이 아닌 수동적인 감정이다. 그런데 스피노자에게도 욕망, 기쁨, 슬픔의 모든 감정은 정념 즉 수동적이다. 기쁨과 슬픔의 경우 앞에서의 정의에서 볼 수 있듯이 수동이라는 점을 확실하게 밝히고 있다. 그렇다면 어떤 감정들이 능동적인가?

스피노자에게 욕망, 기쁨, 슬픔 이 세 가지에 속하지 않은 어떠한 다른 감정도 있을 수 없다. 이러한 사실은 능동 감정의 가능성을 수동 감정에서 찾을 수밖에 없다는 점을 암시한다. 수동 감정은 정신의 부적합한 인식에 기인한다. 여기에서 정신이 능동적으로 활동한다면, 즉 적합하게 인식한다면 우리는 수동 감정에서 벗어나 능동 감정을 가지게 되는 것이다. 스피노자는 능동 감정을 다음과 같이 인정한다. "수동인 기쁨과 욕망 이외에 스스로 활동할 때[능동적일 때]의 우리들에게 관계하는 다른 기쁨과 욕망의 감정이 있다"(『윤리학』 3부 정리 58). "스스로 자유로이 활동하는 정신에 관계한 모든 감정은 모두 기쁨이나 욕망에 관계하는 감정뿐이다"(『윤리학』 3부 정리 59). 능동 감정에서 슬픔이 배제되는 것은 당연하다. 슬픔은 덜 완전한 상태로의 이행이기 때문에 능동적인 상태에서 이러한 감정을 가진다는 것은 불가능하다. 인간은 능동적인 상태에서 자신을 보존하려는 코나투스의 본질에 따라 행동하기 때문에 자신을 덜 완전한 상태로 이행하는 슬픔의 감정은 능동 감정이 될 수 없는 것이다.

능동 감정은 수동적인 정념의 예속상태에서 벗어나 인간이 자신의 감정을 스스로 결정할 수 있는 감정이다. 그는 감정을 통제하지 못하는 인간의 무력함을 예속이라고 했다. 또한 감정의 지배를 받는 인간은 자신의 이성의 힘 즉 권능에 의하지 않고 감정의 힘에 좌우되는 나약한 존재로 간주했다. 인간이 감정의 노예 상태에서 벗어나는 길은 외부대상에 대해 적합한 인식을 함으로써 능동 감정을 가지는 것이다. 인간 정신은 능동적으로 인식해서 타당한 관념들을 가질 때 모든 수동 감정에서 벗어나서 기쁨과 욕망이라는 능동 감정을 가지게 된다. 이러한 사실로부터 우리는 정념으로서의 사랑 역시 같은 방법에 의해 능동적인 사랑이 된다는 것을 알 수 있다.

정신이 적합한 인식을 가질 때, 정신은 정신자체와 정신의 활동 능력을 인식하고, 그것에 의해서 기쁨을 느낀다(『윤리학』 3부 정리 53). 즉 정신은 능동적일 때 기쁨을 느낀다. 그러므로 적합한 관념들에 의한 기쁨이나 욕망의 감정을 우리가 가지는 한, 그 감정에 속하는 사랑은 능동적이고, 자기 결정적이다. 여기에서 '자기 결정적'이라는 말은 자기 스스로 사랑이라는 감정을 결정했다는 것을 의미한다. 다시 말해 이 감정은 이성의 활동(정신의 코나투스)인 인식에 따라 적합한 관념을 가졌기 때문에 발생한 것이다. 예를 들어 어떤 결점이 있는 사람을 사랑하는 경우를 생각해 보자. 정념으로서의 사랑은 그 결점을 의식하지 못한 채 사랑하는 맹목적인 사랑이다. 그러나 자기 결정적인 사랑은 적합한 관념에 기반을 두고 있기 때문에 그 결점을 의식하면서 사랑하고 있다는 점에서 정념으로서의 사랑과 다르다. 정념으로서의 사랑이 결점을 의식하지 못하는 것은 자기 자신을 잠재적 위험에 빠뜨릴 수 있는 것이다. 그렇기 때문에 정념으로서의 사랑은 진정한 자기보존을 위한 코나투스로부터 따라나오는 것이 아니다. 반면에 자기 결정적인 사랑은 부적합성과 결점을 가진 인간 존재를 받아들이는 사랑이다. 정념으로서의 사랑에 대한 예로 보여준 천방지축으로 행동하는 자식에 대한 부모의 사랑은 적합한 관념에 기반을 둔 자기 결정적인 사랑의 예로도 이용될 수 있다. 두 사랑의 차이점은 다음과 같다. 정념으로서의 사랑을 하는 부모는 모든 증거에도 불구하고, 자식이 그렇지 않다고 생각한다. 자기 결정적인 사랑을 가진 부모, 즉 적합한 관념에 기반을 두고 있는 부모는 자식이 제멋대로 행동했고, 어떤 성격상의 결함이 있다는 것을 인식한다. 그러나 이 모든 것에도 불구하고 자식을 사랑하고 지지한다.

스피노자는 "인간이 스스로를 자유롭다고 생각하기 때문에 다른 사물에 대해서 보다 자신들 서로에 대해 더 큰 사랑이나 증오를 가진다"고 말하면서 인간의 수동 감정이 자유 의지에 대한 인간의 부적합한 관념에서 비롯된다는 것을 지적하고 있다. 이것을 예를 들어 설명해 보자. 내가 길을 가다가 돌 뿌리에 걸려 넘어진다면 나는 그 돌 뿌리에 대해 약간의 미운 감정만을 가질 것이다. 그러나 어떤 사람이 발을 걸어서 내가 넘어졌다면, 그 사람에 대한 나의 미움은 돌 뿌리와 비교해서 훨씬 더 클 것이다. 왜냐하면 그 사람은 돌 뿌리와는 달리 자신의 자유 의지에 따라 발을 걸었다고 여기기 때문이다. 사랑의 감정 역시 마찬가지이다. 은행 강도가 칼로 내 가슴을 찌를 때 양복 주머니에 있는 지갑 때문에 찔리지 않았다면, 나는 그 지갑에 어느 정도 사랑의 감정(호의적인 감정)을 가질 것이다. 그러나 어떤 사람이 내 앞을 가로막아 나 대신 찔렸다면, 그 사람에 대한 나의 사랑은 지갑에 대한 사랑보다 훨씬 더 클 것이다. 이 역시 그 사람은 지갑과는 달리 자신의 자유 의지에 따라 나 대신 찔렸다고 여기기 때문이다. 이처럼 자유 의지에 대한 부적합한 인식은 인간 상호간에 사랑과 미움 등의 많은 감정들의 원인이 된다.

수동 감정과 능동 감정은 결국 인식의 적합성에 그 기반을 두고 있다. 따라서 우리 인식의 적합성이 변화하듯이 수동 감정과 능동 감정 사이에도 연속이 있다. 내가 발에 걸려 넘어진 원인을 더 적합하게 인식하면 할수록 발을 걸은 사람에 대한 미움은 점점 작아진다. 마찬가지로 지갑 대신 찔린 사람에 대한 사랑도 점점 작아지게 된다. 나에게 발을 걸은 사람이나 나

대신 칼에 찔린 사람이 누군가가 밀어서 그렇게 되었다는 것을 알게 되면, 미움과 사랑의 감정은 점점 감소될 것이다. 또 그 사람을 민 다른 사람은 그렇게 밀게 된 또 다른 원인들이 있을 것이다. 이렇게 두 경우 모두 모든 인과 관계의 연쇄와 네트워크에 의해서 그렇게 된 것이라는 것을 인식할 때는 미움과 사랑의 감정은 거의 사라질 것이다. 이렇게 적합한 인식으로 말미암아 부적합한 인식에 근거한 감정의 노예 상태에서 벗어날 수 있는 것이다. 사실상 두 경우 모두 미움이나 사랑의 대상이 아니라 인식해야 할 이해의 대상일 뿐이다. 수동 감정에서 능동 감정으로 이행하는 것은 인식론에서 언급한 첫 번째 단계의 인식에서 두 번째 단계의 인식으로 이행한 결과라고 할 수 있다. 인간이 적합하게 인식하는 한 수동 감정은 자기 스스로 감정을 결정하는 능동적인 감정이 된다. 따라서 자기 결정적인 사랑을 가진 사람은 다른 사람을 증오하거나 멸시하거나 조롱하지 않는다. 다만 이해할 뿐이다.

스피노자는 "정신이 인식하는 한 정신에 관계하는 감정에서 일어나는 모든 활동을 정신의 강인함이라 하고, 이 정신의 강인함은 용기와 관용으로 나누어진다"(『윤리학』 3부 정리 59의 주해)라고 했다. 용기는 '이성의 명령에서 자신의 존재를 보존하고자 하는 욕망'이고, 관용은 '오직 이성의 명령에 따라 다른 사람들을 돕고, 그들과 우정을 기반으로 해서 결합하려고 노력하는 욕망'이다. 용기는 행위자에게만 이익을 주는 활동이고, 관용은 다른 사람들에게도 이익을 주는 활동이다. 어떤 위험에 부딪혔을 때, 침착하게 정신을 가다듬는 등의 행동은 용기의 일종이고, 예의나 온화함 등은 관용의 일종이다(『윤리학』3부 정리 59의 주해). 필자가 '자기 결정적인 사랑'이라고 명명한 것에 대해 스피노자는 관용이라고 했다.

　스트로슨은 말하는 인간상호간의 관계에서 초연한 태도(스피노자가 말하는 관용)와 관계하여 흥미로운 문제제기를 하였다. 우리가 누군가를 객관적으로 간주할 때, 우리는 그 사람과 전적으로 친한 관계에 놓고 생각하는 것이 아니다. 오히려 그 사람은 '치료'를 위한 대상 즉 연구되거나 이해되어야 하는 대상인 것이다. 만약 우리가 누군가에게 객관적인 태도를 가진다면, 우리는 그를 동등한 인간으로 보는 것이 아니다. 그리고 이 것은 정념으로서의 사랑뿐만 아니라 자기 결정적인 능동적인 사랑과도 모순되는 것으로 보인다.[7] 만약 스트로슨이 옳다면 대상에 대한 객관적인 태도가 어떤 감정적인 관계들을 배제하게 된다. 이렇게 되면 스피노자가 격찬하는 객관성과 합리성을 가진 사랑, 즉 적합한 이성적 인식에 근거한 사랑은 그 의미를

---

7) P.F. Strawson, "Freedom and Resentment," *Freedom and Resentment and Other Essays*, London: Methuen & Co., 1974), 1-25쪽.

상실하게 된다. 그렇지만 스피노자가 생각하는 객관성의 형태는 스트로슨이 논의하고 있는 것과는 다르다. 스피노자에 따르면, 우리는 사랑하는 사람뿐만 아니라 우리 자신까지도 동시에 객관적으로 보려고 노력해야 한다. 따라서 그 대상에 대한 연구는 우리자신에 대한 연구까지 포함하고 있으며, 따라서 우리와 대상들 사이에 동등함이 유지된다.

스피노자의 감정 이론은 데까르뜨의 이론과 다음과 같은 점에서 다르다. 아리스토텔레스의 입장을 따라 데까르뜨는 한편으로 덕과 악덕을 구별하고, 다른 한편으로는 이 '덕과 악덕들'을 '감정들'과 구분했다. '덕과 악덕'은 자유 의지와 관련되기 때문에 도덕적 칭찬과 비난의 대상이다. 반면 감정들은 자유 의지와 상관이 없는 것으로 이해되기 때문에 도덕적으로 중립적이다. 우리는 앞에서 스피노자가 아리스토텔레스와 데까르뜨와는 달리 자유 의지를 부인하는 것을 보았다. 따라서 스피노자에게 인간 행동은 칭찬이나 비난의 주제가 아니다. 오히려 인간 행동은 이해하려고 노력해야 되는 대상이다. 이처럼 스피노자에게 덕은 자유 의지와 무관한 것이 되기 때문에 감정과 마찬가지로 도덕적으로 중립적이 된다. 그리고 이것은 덕과 감정 사이의 구분이 없어지는 것을 의미한다.

데까르뜨와 스피노자의 관점을 다음의 경우에 적용시켜 보자. 어떤 회사에서 다른 동료의 프로젝트를 도용하고, 자신의 승진을 위해서 다른 동료들을 모함하는 등의 행위를 하는 어떤 남자 사원이 있다고 가정해보자. 이 경우를 데까르뜨에 적용시켜보면 우리는 그 사원의 행위에 대해 덕과 감정이라는 두 가지 경로로 접근할 수 있다. 그 행위들은 그 사원의 자유로운 의지에 따라 행한 것이기 때문에 우리는 악덕하다고 도덕적으로 비난하게 된다. 즉 덕이나 악덕은 자유 의지에 대한 칭찬이나 비난이다. 하지만 그 행위들의 자유 의지에 상관하지 않는 감정은 도덕적 판단과는 무관하다. 단지 그 행위들로 말미암아 그 사원을 미워하는 것이 일반적이다. (어떤 여사원은 그 행위들을 알면서도 그 사원을 사랑하는 경우도 있다.) 이와는 대조적으로 스피노자의 이론에 적용시켜 보면 그 행위는 그 사원의 자유 의지에 따른 행위가 아니기 때문에 우리는 덕이나 악덕의 도덕적 판단의 대상이 아니다. 다만 그 행위에 대한 우리의 감정만이 있을 뿐이다. 그래서 스피노자에게 덕은 도덕적 판단이 아니라 감정과 동일시된다. 그 사원을 미워하거나 멸시하는 등의 감정은 그 사원의 행위를 이해하지 못하기 때문에 생긴 수동적인 감정, 즉 정념이다. 그러나 우리가 그 사원의 행위와 그 행위의 원인들을 적합하게 인식할 때에는 그 사원을 이해하고 관용이라는 능동적인 감정을 가지게 되고, 이것이 곧 덕이 된다. 한 인간이 이성의 안내에 따라 살아간다면, 다른 사람이 자신을 미워하거나 비웃거나 경멸한다고 하더라도 그 사람을 사랑하려고 노력할 것이다. 이것이 스피노자가 말하는 '관용으로서의 사랑'이다.

3. 최고 행복에 이르는 길 : 신에 대한 지적인 사랑

스피노자는 『윤리학』 5부에서 신에 대한 인간의 지적인 사랑을 전개시킨다. 이 사랑은 '세 번째 단계인 직관지로서 신에 대한 인식'을 기반으로 한다. 이 인식은 인간 정신에서 최고의 이성적 활동, 즉 최고의 인식이다. 그리고 이 인식의 결과로 최고의 기쁨이 생기고, 그 기쁨의 원인인 신을 사랑하게 된다. 이러한 신에 대한 사랑은 최고의 인식에 근거하기 때문에 지적인 사랑이 된다. 모든 인간은 이성을 가지고 있기 때문에 누구나 이 지적인 사랑을 할 수 있는 가능성과 잠재력을 가지고 있다고 스피노자는 주장한다.

『윤리학』 5부 정리 16에서 20까지 스피노자는 전통적 신학의 전형적인 표현들을 신의 개념에 자주 적용한다. 그리고 신에 대한 사랑이 정념으로서의 사랑이 가지는 그런 결점이 없다는 점을 강조한다. 신에 대한 사랑은 정신에서 가장 중요한 자리를 차지해야 하고, 또한 미움으로 변할 수 없다. 더 나아가 그것은 이기적이지 않고 질투나 시기심으로 더럽히질 수도 없다. 여기까지 스피노자는 '신에 대한 **지적인** 사랑'이 아니라 '신에 대한 사랑'을 언급하고 있다. 우리는 이 '신에 대한 사랑'을 '신에 대한 지적인 사랑'과 구별하기 위해 '신에 대한 상상적인 사랑'이라고 부를 수 있다. 스피노자의 인식 이론에 따르면 우리가 외부대상을 상상하는 한, 그만큼 정신은 그 대상에 대한 적합한 인식을 가지지 못한다. 그래서 신에 대한 상상적인 사랑은 적합한 관념에 기반을 두고 있는 것이 아니고, 혼동과 허위에 종속되어 있다. 신에 대해 지성적인 사랑이 아닌 상상적인 사랑을 하는 사람들은 이성적 행위자로서 그들의 전적인 힘을 발휘하지 못하고 있는 것이다.

이것은 스피노자가 『신학정치론』에서 주장한 성서 해석에 관한 견해와도 일치한다. 스피노자는 성서란 일반대중이 이해하도록 가장 쉽게 쓰여진 책이라고 주장한다. 따라서 성서는 많은 이야기와 비유적 언어들을 사용하고, 인간의 사고방식에서 서술되어 있다 (『신학정치론』 7장). 왜냐하면 일반 대중들이 '신'이라는 높은 주제를 지적으로 이해하기가 어렵기 때문이다. 그래서 일반 대중들은 성서를 통해서 신에 대한 지성적 사랑이 아니라 신에 대한 상상적 사랑을 하게 되는 것이다. 그러나 이러한 사실이 그들의 신에 대한 상상적 사랑을 부정하는 것은 아니다. 스피노자가 신에 대한 지적인 사랑을 언급하기 이전에 이러한 사랑을 언급하고 고려했다는 사실은 상상적인 신앙도 인정하고 있다는 것을 보여준다. 이성적인 능력과 관계 없는 사람들도 모두 신에 대한 사랑을 할 수 있는 길을 열어 놓고 있다. 다만 일반 대중의 신앙과는 달리 신학자나 철학자 는 인식에 근거해서 신에 대한 지성적인 사랑을 해야 하고, 이 지적인 사랑 (또는 상상적 사랑)의 결과로 생긴 기쁨이 인간이 누릴 수 있는 최고의 행복이다.

신에 대한 **지적인** 사랑은 상상적인 이해가 아니라 지성에 그 뿌리를 둔다. 따라서 '신과 직관지의 문제'(『윤리학』 5부 정 리 24~31)와 '신체에 관계되지 않는 정신의 지속, 즉 신체가 소멸한 후의 정신의 영원성의 문제'(『윤리학』 5부 정리 21~23) 를 다루기 전까지 스피노자는 신에 대한 지적인 사랑을 논의하 지 않는다. '신에 대한 지적 사랑'이라는 용어는 정리 32의 주 해에서 처음으로 등장한다. '정신이 신체의 소멸 후에도 독립 적으로 존재한다'는 정신의 영원성에 대한 스피노자의 주장은 데까르뜨의 이원론에 대한 그의 반대와도 일관성이 없고, 자신 의 심신동일론과 평행론과도 일관성이 없어 보인다. 컬리는 스 피노자가 사실상 그의 체계에 실제로 조화될 수 없는 방식에서 정신의 영원성을 주장하고 있다고 지적한다. 또한 컬리에 의하 면 스피노자가 영원의 불멸성에 대한 대중적인 생각을 수용해 서 신에 대한 지적 사랑을 보다 쉽게 설명하려고 시도했다는 것이다.[8] 반면에 울프슨은 스피노자가 정신의 불멸성을 실제로 인정했다고 주장한다. 스피노자가 능동 지성으로서의 영혼이 신체의 소멸이후에도 존재한다는 오래된 신학적이고 철학적인 전통에 영향을 받았다는 것이다.[9]

'신체가 사망한 후 정신의 존재'와 '신에 대한 지적인 사랑'에 대한 스피노자의 주장들의 많은 측면들이 신비적이라고 주장하는 주석가들이 상당수 있다. 그리고 우리는 그 주제 자체가 신비적인 요소를 안고 있기에 이러한 주장에 공감하기가 쉽다. 그러나 이러한 공감이 너무 멀리 나아가서는 안 된다. 요벨이 주장하듯이 비록 스피노자가 신비주의와 계시종교(유대교와 기독교)에 마음이 이끌리기는 했지만, 그가 사용한 방법들은 그것들과 관계가 멀다. 스피노자는 '혼동스럽고, 말로 나타내기 힘든 신비적 경험'보다 '이성에 의한 신에 대한 인식'을 강조한다.[10]

스피노자의 신에 관한 지적인 사랑은 인식론에서의 세 번째 인식, 즉 직관지에 기반을 두고 있는 사랑이다. 이것은 사물들을 통해서 신적 본성의 필연성을 직관에 의해 인식하는 단계이

8) Edwin Curley, *Behind the Geometrical Method: A Reading of Spinoza's Ethics*, (Princeton: Princeton University Press, 1988), 85쪽.

9) H. A. Wolfson, *The Philosophy of Spinoza*. vol. 2, (New York: Schocken Books, 1969), 289-291쪽.

10) Yimiyahu Yovel, *Spinoza and other Heretics: The Marrano of Reason* (Princeton: Princeton University Press. 1989), 37쪽.

다. 이 인식은 두 번째 인식인 이성에 의한 인식을 통해서 발전될 수 있다. "우리가 한층 더 많은 사물을 인식함에 따라서 그만큼 더 신을 인식한다"(『윤리학』 5부 정리 24) 라는 스피노자의 진술은 두 번째 지식을 통해 세 번째 지식으로 나아가는 길을 언급하고 있다. 신적 본성의 필연성을 인식할 수 있는 세 번째 인식은 인간 최고의 인식이고, 따라서 최고의 덕이다(『윤리학』 5부 정리 25). 그리고 그것은 정신의 능동적인 활동에 의해 생긴 최고의 정신적 만족을 주는 기쁨이다. 우리는 이 기쁨을 주는 대상 즉 기쁨의 원인인 신을 향하게 되고, 거기에서 신에 대한 사랑이 생긴다(『윤리학』 5부 정리 32). 이 사랑은 최고의 인식인 직관지에 기반을 둔 완전히 능동적 사랑, 즉 지성적 사랑이다. 이 세 번째 단계의 인식은 항상 참이고, 영원한 진리이므로 신에 대한 지적 사랑 역시 영원하다. 그리고 이 지적인 사랑에서 생기는 마음의 평화와 정신적으로 최고의 만족을 누리는 것이 인간에게는 최상의 행복이다. 이렇게 인간의 행복, 즉 잘사는 법은 신에 대한 지적 사랑에서 이루어진다.

신에 대한 지적 사랑을 소유한 사람은 모든 정념의 예속 상태에서 벗어나 세상에서 어떤 어려운 일을 겪더라도 동요되지 않고 정신의 평정을 누리는 자유인이다. 그래서 진정한 자유인은 심지어 죽음의 공포에서도 벗어나 있다(『윤리학』 5부 정리 38). 현자는 정신이 거의 동요되지 않고, 자기 자신, 신 및 사물을 영원한 필연성에 의하여 의식하고, 결코 존재하는 것을 그치지 않으며, 항상 정신의 참다운 만족을 소유하고 있다(『윤리학』 5부 정리 42).

5장을 마무리하며

스피노자의 윤리학은 여러 종류의 감정이 발생하는 것을 인식의 여러 단계와 병행해서 설명해주고 있다. '이기적인 정념으로서의 사랑을 이타적인 사랑, 즉 관용으로서의 사랑으로 어떻게 전환시키느냐'의 문제에 대해서 스피노자는 부적합한 인식과 적합한 인식을 구분하고, 이성에 의해 우리가 이기적인 사랑에서 벗어나서 관용으로서의 사랑을 가질 수 있다고 제안한다. 이처럼 스피노자의 윤리학의 특징은 인간의 감정을 근거로 인식을 발전시키는 데 있다는 점이다. 그래서 스피노자에게 윤리학은 인식론과 평행해서 나아간다고 할 수 있다.

정념, 즉 수동 감정의 상태로부터 벗어난 능동적인 사랑인 관용은 진정한 종교인들의 사랑과 비교될 수 있다. 진정한 종교인들은 다른 사람이 자기에게 저지른 잘못을 용서해 주고, 이웃뿐만이 아니라 심지어 원수까지도 사랑한다. 종교인들은 신앙의 힘으로 그러한 마음을 갖지만, 스피노자의 경우는 인식의 힘으로 그렇게 할 수 있게 된다. 즉 스피노자에게 용서와 사랑은 이성의 지도에 따라 생활하고 인식하는 사람만이 가능하다. 이것은 그의 철학의 주지주의적인 측면을 잘 드러내 주고 있다. 『윤리학』 4부 정리 46은 이성의 힘으로 감정의 노예상태에서 해방된 사람들의 경우를 특유의 간결한 문체로 잘 표현해주고 있다 : "이성의 인도에 의해서 생활하는 사람은 가능한 한 자기에 대한 다른 사람의 증오, 분노, 경멸 등을, 반대로 사랑 즉 관용으로 보답하려고 노력한다"(『윤리학』 4부 정리 46). 더 나아가 이성의 인도에 따르는 사람들은 각자가 자기를 위하여 추구하는 선을 다른 사람을 위해서도 욕구한다. 그리고 그가 갖는 신에 대한 인식이 **보다** 클수록 그만큼 더 많이 이것을 욕구한다(『윤리학』 4부 정리 37).

신에 대한 지적인 사랑은 모든 사물을 '영원의 상(相)'의 관점에서 보게 되면서 얻게 되는 마음의 평정이고, 이 상태가 바로 스피노자가 알려주는 인간의 최고 행복이다. 그의 윤리학에서 나타나는 특징은 이러한 마음의 평정 상태를 억누르고 통제함으로써 얻게 되는 것이 아니라, 정념 즉 수동적인 감정을 인식의 힘으로, 능동적인 감정으로 전환시켜서 얻게 된다는 데 있다. 이것은 진정한 종교인들이 추구하는 구원이나 해탈의 경우와 비교할 수 있다.[11] 그들이 구원을 얻거나 해탈했을 경우

---

11) 스피노자의 신에 대한 지적인 사랑은 신비화되어 온 경향이 있다. 그 이유

그들은 세상의 어떤 모진 풍파에도 흔들리지 않고 마음의 평정을 유지할 것이다. 그들은 신앙의 힘 즉 신에 대한 사랑의 힘으로 이러한 정신의 참된 평화를 얻게 되고, 그것이 인간이 누릴 수 있는 최고 행복으로 인정하고 있다. 스피노자는 신앙, 즉 신에 대한 사랑으로 얻게 되는 종교적인 마음의 평화를 부정하지 않는다. 그는 일반 대중에게는 (그들이 인식의 힘을 사용할 수 없다면) 그러한 종교적 방법을 인정하고 있다. 그것 역시 정념의 노예상태에서 벗어날 수 있는 길이기 때문이다.12) 그러나 스피노자는 인식의 힘, 즉 신에 대한 **지적인** 사랑의 힘으로 마음의 평정을 얻게 될 때 확고한 정신으로 살아갈 수 있다고 주장한다. 이것은 그가 이성의 힘에 의한 인식을 더 확고한 것으로 인정하는 주지주의자이기 때문이다.

　스피노자는 『윤리학』의 마지막 부분에서 자신이 제시한 최고 행복에 이르는 길이 심히 험난한 길인 것처럼 보이지만 발

가 신에 대한 지적의 사랑의 결과가 종교적인 체험을 통해 얻게 되는 결과와 거의 같기 때문이라고 생각한다. 또한 주석가들은 스피노자가 신에 대한 지적인 사랑에 대해 구체적으로 설명하지 않은 것에 대해 불만을 털어놓는다. 그러나 스피노자는 사실상 그것에 대해 할 말이 별로 없었을 것으로 생각된다. 기독교에서의 신앙적 체험이나 불교에서의 열반의 상태에 있는 사람이 그 상태에 대해 설명하기가 힘든 것과 마찬가지이다. 그것은 직접 그 상태에 이르지 않고는 말로 나타내는 것에 한계가 있을 것이다.

12) 예를 들어 스피노자는 하숙을 할 때, 그의 집주인 부부에게 교회를 열심히 다닐 것을 권유했다.

견뎔 수는 있다고 말한다. 사실상 드문 것은 그만큼 어려운 일임에 틀림없다는 것이다. 그는 많은 사람들이 이 진정한 최고 행복을 등한시하는 이유가 그것이 손 앞에 있어서 힘들이지 않고 잡을 수 있는 것이 아니라, 그 행복을 찾기 위해서는 각고의 노력과 어려움이 수반하기 때문이라고 지적한다. 그리고 그는 "모든 고귀한 것은 드문 동시에 어려움이 따른다"라는 문장으로 『윤리학』을 끝맺고 있다.

Bibliography

● 국내 스피노자 번역서 ─────────

스피노자의 저작
강영계 옮김, 『에티카』, 서광사, 1990.

스피노자에 대한 연구 번역서
안토니오 네그리 지음, 윤수종 옮김, 『야만적 별종 ─ 스피노자에 있어서
　　　권력과 역능에 관한 연구』, 푸른숲, 1997.
질 들뢰즈 지음, 박기순 옮김, 『스피노자의 철학』, 민음사, 1999.
로저 스크러턴 지음, 정창호 옮김, 『스피노자』, 시공사, 2000.
로저 스크러턴 지음, 조현진 옮김, 『스피노자』, 궁리, 2002.

● 국외 문헌 ─────────

〈1차 문헌〉

Chief Works of Benedict de Spinoza. 2 vols. Translated by R. H. M. Elwes,
　　　London: Chiswick Press, 1883.
Collected Works of Spinoza. Vol. 1. Edited and translated by Edwin Curley.
　　　Princeton: Princeton University Press, 1985.

Correspondence of Spinoza. 2 vols. Edited and Translated by A. Wolf. London: Frank Cass, 1966.

Ethics and Selected Letters. Translated by Samuel Shirley. Indianapolis: Hackett, 1982.

Ethics. Translated by James Gutmann. New York and London: Hafner Press, 1949.

Letters. Translated by Samuel Shirley. Indianapolis and Cambridge: Hackett Publishing Company, 1995.

Opera. 4 Vols. Ed. Carl Gebhardt. Heidelberg: C. Winter. 1925.

〈2차문헌〉

Aldrich, V. "Categories and Spinoza's Attributes". *Pacific Philosophical Quarterly.* 61 (1980) : 156-166.

Alexander, S. *Spinoza and Time.* London: George Allen and Unwin, 1921.

Allison, Henry E. *Benedict de Spinoza: An Introduction.* New Haven: Yale University Press, 1987.

Aquila, R.E. "The Identity of Thought and Object in Spinoza". *Journal of the History of Philosophy.* 16 (1978) : 271-288.

_____ . "States of Affairs and Identity of Attributes". *Midwest Studies in Philosophy.* 8 (1983): 161-179.

Bakker, J.B. "Deborin's Materialist Interpretation of Spinoza". *Studies in Soviet Thought.* 24 (1982): 175-183.

_____ . "Did Spinoza Have a Double Aspect Theory?". *International studies in Philosophy.* 14 (1982): 1-16

Balz, Albert G.A. *Idea and Essence in the Philosophies of Hobbes and Spinoza.* 1918. New York: A,M.S., 1967.

Beck, Robert N. "The Attribute of Thought". In *Spinoza's Metaphysics: Essays in Critical Appreciation*, edited by James B. Wilbur, 1-12.

_____ . "Some Idealisitc Themes in the Ethics". In *The Philosophy of Baruch Spinoza*. Kennington, Richard (ed). Washington D.C.: The Catholic University of America Press, 1980. 73-87.

Benardette, J.A. "Spinozistic Anomlies". In *The Philosophy of Baruch Spinoza*. Kennington, Richard (ed). Washington D.C.: The Catholic University of America Press, 1980. 53-72.

Bennett, Jonathan. "A Note on Descartes and Spinoza". *The Philosophical Review* 74 (1965): 379-380.

_____ . *A Study of Spinoza's Ethics*. London and New York: Cambridge University Press, 1984.

_____ . "Eight Questions about Spinoza". In *Spinoza on Knowledge and the Human Mind*, edited by Yirmiyahu Yovel, 11-25.

_____ . "Spinoza's Metaphysics". In *The Cambridge Companion to Spinoza*, edited by Don Garrett, 61-88.

_____ . "A Note on Descartes and Spinoza". *Philosophical Review*. 74 (1965): 379-380

_____ . "Spinoza on Error". *Philosophical Papers*. 15.1 (1986): 59-73.

_____ . "Spinoza's Mind-Body Identity Thesis". *Journal of philosophy*. 78 (1981): 573-84.

Blackwell, Kenneth. *The Spinozaistic Ethics of Bertrand Russell*. London, Boston, and Sydney: George Allen, 1985.

Boss, Gilbert. *Difference des Philosophies*. Zurich: Edition de Grand Midi, 1982.

_____ . *L'Enseigment de Spinoza*. Zurich: Edition du Grand Midi, 1982.

Bowman, C.R. "Spinoza's Doctrine of the Attributes". *Southern Journal of Philosophy*. 5 (1967): 59-71.

_____ . "Spinoza's Idea of the Body". *Idealistic Studies*. 1 (1971): 258-268.

Caird, John. *Spinoza*. 1888. New York: Books for Libraries Press, 1971.

Collier, Andrew. "The Materiality of Morals: Mind, body and Interests in Spinoza's *Ethics*". *Studia Spinozana* 7 (1991): 69-92.

Cook, J. Thomas. "Self-Knowledge as Self-Preservation". In *Spinoza and the Sciences*, edited by Marjorie Grene and Debra Nails, 191-209.

Curley, E.M. *Spinoza's Metaphysics: An Essay in Interpretation.* Cambridge, Massachusetts: Harvard University Press, 1969.

Curley, E.M. *Behind the Geometrical Method: A Reading of Spinoza's Ethics.* Princeton: Princeton University Press, 1988.

Curley, Edwin, and Pierre-Francois Moreau, eds. *Spinoza: Issues and Directions.* Leiden and New York: E. J. Brill, 1990.

Deborin, A.M. "Spinoza's World-View". In *Spinoza in Soviet philosophy.* Ed. Geroge L. Kline. London: Routledge and Kgan Paul, 1952. 90-119.

Delahunty, R. J. *Spinoza.* London, Boston, Melbourne and Henley: Routledge and Kegan Paul, 1985.

Delbos, Victor. "Doctrine Spinoziste des Attribute de Dieu". *L'Annee Philosophique.* 23 (1912-13) : 1-17.

Deleuze. Gilles. *Spinoza et le probleme de L'Expression.* Paris: Edition de Minuit, 1969.

Della Rocca, Michael. "Causation and Spinoza's Claim of Identity". *History of Philosophy Quarterly*, 8 (1991): 265-276.

_____ . "Spinoza's Argument for the Identity Theory". *The Philosophical Review*, 102 (1993): 183-213.

_____ . "Spinoza's Metaphysical Psychology". In *The Cambridge Companion to Spinoza*, edited by Don Garrett, 192-266.

_____ . *Representation and the Mind-Body Problem in Spinoza.* New York and Oxford: Oxford University Press, 1996.

Donagan, Alan. "A Note on Spinoza, *Ethics, I, 10*". *The Philosophical Review*, 75 (1966): 380-382.

_____ . "Essence and the Distinction of Attributes in Spinoza's Metaphysics". In *Spinoza: A Collection of Critical Essays*, edited by Marjorie Grene, 164-181.

_____ . "Homo Cogitat". In *Spinoza: Issues and Directions*, edited by Edwin Curley and Pierre-Francois Moreau, 102-112.

_____ . "Spinoza's Dualism". In *The Philosophy of Baruch Spinoza*, edited by Richard Kennington, 89-102.

_____ . *Spinoza*. New York: Harvester and Wheatsheaf, 1988.

_____ . "Spinoza and Descartes on Extension". *Midwest Sutdies in Philosophy*. 1 (1976): 31-33.

Eckestein, J. "On the Relationship Between Substnce and Attribute". *Philosopical Qurterly* (India). 29.1 (1956): 1-15.

Freeman, Eugene and Maurice Mandelbaum, eds. *Spinoza: Essays in Interpretation*. LaSalle, Illinois: Open Court, 1975.

Friedman, J. I. "Spinoza's Problem of Other Minds". *Synthese*, 56 (1983): 99-126.

_____ . "Spinoza's Denial of Free Will in Man and God". In *Spinoza's Philosophy of Man*, edited by Jon Wetlesen, 51-83.

Garrett, Don, ed. *The Cambridge Companion to Spinoza*. Cambridge: Cambridge University Press, 1996.

Geach, P.T. "Spinoza and the Divine Attributes". *Reason and Reality*. Ed. G.N.A. Vesey. London: Macmillan, 1972. 15-27.

Gilead, Amihud. "'The Order and Connection of Things'—Are They Constructed Mathematically-Deductively According to Spinoza?". *Kantstudien*. 76 (1985): 72-78.

Gram, Moltke S. "Spinoza, Substance, and Predication". *Theoria*. 34 (1968): 222-244.

Grene, Marjorie and Debra Nails, eds. *Spinoza and the Sciences*. Dordrecht: Reidel, 1986.

Grene, Marjorie, ed. *Spinoza: A Collection of Critical Essays.* Garden City, New York: Anchor Books, 1973.

Gueroult, M. *Spinoza.* 2 Vols. H; Idesheim: Georg Olms. 1968.

Hallett. H.F. "On a Reputed Equivoque in the Philosophy of Spinoza". Kashap, *Studies in Spinoza* 168-88. First pr. 1949.

_____ . *Creation, Emanation, and Salvation.* The Hague: Martinus Nijhoff, 1962.

Hampshire, Stuart. "A Kind of Materialism". In his *Freedom of Mind,* 210-231. Oxford: Clarendon Press, 1972.

_____ . "Spinoza's Theory of Human Freedom". In *Spinoza: Essays in Interpretation,* edited by Eugene Freeman and Maurice Mandelbaum, 44-54.

_____ . *Spinoza.* Melbourne, London, and Baltimore: Penguin Books, 1951.

Hansen, Oskar. "Spinoza's Proof of an External World" Van der Bend, *Spinoza on Knowing, Being and Freedom* 97-102.

Harris, E.E. "Infinity of Attributes and Idea Ideae" *Neue Hefte für Philosphie.* 12 (1977) 9-20.

_____ . "Essence of Man and the Subject of Consciousness". Wetlesen 119-135.

_____ . "Finite and Infinite in Spinoza's system". In *Speculum Spinozanum 1677-1977.* Hessing, Siegfried (ed). London: Routledge and Kegan Paul, 1977. 197-221.

_____ . "Mind-Body Relation in Spinoza's Philosophy". Wilbur, *Spinoza's Metaphysics* 13-28.

_____ . "Order and Connection of Things". Van der Bend, *Spinoza on knowing, being and Freedom* 103-113.

_____ . Salvation *From Despair.* The Hague: Martinus Nijhoff, 1973.

_____ . "Spinoza's Theory of Human Immortality". Freeman and

Mandelbaum 245-262. First pr. 1971.

Hart, Alan. *Spinoza's Ethics Part I adn II: A Platonic Commentary.* Leiden: E.J. Brill, 1983.

Haserot, Francis S. "Spinoza's Definition of Attribute". In *Studies in Spinoza*, edited by S. Paul Kashap, 28-42.

Haserot, Francis S. "Spinoza and the Status of Universals". Kashap, *Studies in Spinoza* 43-67.

Hegel, G. *Hegels Lectures on the History of philosphy.* 3 vols. Trans. E.S. Haldane and F.H. Simpson. London: Routledge and Kegan Paul, 1896.

Hessing, Siegfried, ed. *Speculum Spinozanum 1677-1977.* London: Routledge and Kegan Paul, 1977.

Hubbeling, H.G. *Spinoza's Methodology.* Assen: van Gorcum, 1964.

Jarrett, C.E. "Some Remarks on the Objective and Subjective Interpretations of the Attributes". *Inquiry.* 20 (1977): 447-456.

Jarrett, C.E. "On the Rejection of Spinoziatic Dualism in the Ethics". *Southern Journal of Philosophy.* 20 (1982): 153-175.

Joachim, Harold H. *Study of the Ethics of Spinoza.* Oxford: Clarendon Press, 1901.

Kashap, S. Paul, ed. *Studies in Spinoza.* Berkeley, Los Angeles, and London: University of California Press, 1972.

Kashap, S. Paul, *Spinoza and Moral Freedom.* New York: State Univ. of New York, 1987.

Kashap, S. Paul,. "Spinoza's Use of Idea". Shahan and Biro 57-70.

Kaufmann, Fritz. "Spinoza's System as Theory Expression". *Philosophy and Phenomenological Research.*

Kennington, Richard, ed. *The Philosophy of Baruch Spinoza.* Washington D.C.: The Catholic University of America Press, 1980.

Kessler, Warren. "A Note on Spinoza's Concept Attribute". In *Spinoza:*

Essays in Interpretation. Freeman, Eugene and Maurice Mandelbaum (eds). LaSalle, Illinois: Open Court, 1975. 191-194.

Kline, George. "On the Infinity of Spinoza's Attributes". In *Speculum Spinozanum 1677-1977*, edited by Siegfried Hessing, 333-352.

Lascola, R.A. "Spinoza's Super Attribute". *Modern Schoolman*. 52 (1975): 199-206.

Lewis, Douglas, "Spinoza on Extension". *Midwest Studies in Philosophy*. 1 (1976): 26-31.

Lloyd, Genevieve. *Part of Nature: Self-Knowledge in Spinoza's Ethics*. Ithaca: Cornell University Press, 1994.

Mark, T. C. *Spinoza's Theory of Truth*. Now York and London: Columbia University Press, 1972.

Mark, Thomas Carson, "Spinozistic Attributes". *Philosophia*. 7 (1977): 55-82.

Mark, Thomas Carson, *Spinoza's Theory of Truth*. New Tork: Columbia Univ. Press, 1972.

Martens, S.C. "Spinoza on Attributes". Synthese. 37 (1978): 107-111.

Martineau, James. *Study of Spinoza*. 3rd ed. 1895. New York: Books for Libraries Press, 1971.

Matson, Wallace I. "Spinoza's Theory of Mind". In *Spinoza: Essays in Interpretation*, edited by Eugene Freeman and Maurice Mandelbaum, 49-60.

Mays, M. *Attributes in Spinoz's Treament of God*. American dissertation. Petersburg, Va., 1949.

Murray, J. Clark. "The Idealism of Spinoza". *The Philosophical Review* 5 (1896): 473-488.

Myers, H.A. *Spinoza-Hegel Paradox*. Ithaca, N.Y.: Cornell Univ. Press, 1944.

Odegard, Douglas. "The Body Identical with the Human Mind: A Problem in Spinoza's Philosophy". In *Spinoza: Essays in Interpretation*, edited by Eugene Freeman and Maurice Mandelbaum, 61-83.

Offenberg, A.K. "Spinoza's Library. The Story of a Reconstruction". *Quaerendo*. 3 (1973): 309-321.

Pollock, Frederick. *Spinoza: His Life and Philosophy*. London: Duckworth, 1899.

Radner, Daisie. "Spinoza's Theory of Ideas". *The Philosophical Review*, 80 (1971): 338-359.

Rice, Lee C. "Cognitivism: A Spinozistic Perspective". *Studia Spinozana* 8 (1990): 209-225.

Savan, D. "Spinoza and Language". Grene 60-72.

_____ . "Spinoza on Death and the Emotions". Wetlesen 192-203.

Schmitz, K.L. "Hegel's Assessment of Spinoza". Kennington 229-243.

Scruton, Roger, *Spinoza*. New York: Oxford University Press, 1986.

Shahan, Robert W. and Biro, J.I. ed. *Spinoza: New Perspectives*. Norman: Unic. Of Oklahoma Press, 1978.

Sherman, Ernest, "Spinoza and the Divine *Cogito*: God as Self-Performance". Wilbur, *Spinoza's Metaphysics* 36-43.

Shmueli, Efraim. "Geometirtcal Method, Personal Caution, and the Ideal of Tolerance". Shahan and Biro 197-216.

Sprigge, T.L.S. "Spinoza: His Identity Theory". *Philosophy Through Its Past*. Ed. Ted Honderich. Harmondsworth: Penguin, 1984. 149-174.

Steinberg, D.B. "Spinoza's Theory of the Eternity of the Mind". *Canadian Journal of Philosophy*. 11 (1981): 35-68.

Steinberg, D.B. "A Note on Bennett's Transattribute Defferentiae and Spinoza's Substance Monism . *Southern Journal of Philosophy*. 24 (1986): 431-435.

Taylor, A. E. "Some Incoherences in Spinozism (I)". In *Studies in Spinoza*, edited by S. Paul Kashap, 189-211.

Teo, Wesley K. H. "Relation of Substance to Attributes in Spinoza". *Kinesis.* 1 (1968): 15-21.

Thomas, James. "Spinoza's Letter 66 and Its Idealist Reading". *Idealistic Studies* (1994): 191-196.

Trompetter, L. "Spinoza: a Response to De Vries". *Canadian Journal of Philosophy.* 11 (1981): 525-537.

Van der Bend, J.G. ed. *Spinoza on Knowing, Being and Freedom.* Assen: Van Gorcum, 1974.

Van der Bend, J.G. "Some Idealistic Tendencies in Spinoza". Van der Bend, *Spinoza on Knowing, Being and Freedom* 1-5.

Van Zandt, Joe D. "*Res extensa* and the Space-Time Contimuum". *Spinoza and the Sciences.* Ed. Margorie Grene and Debra Nails. Deordrecht: D. Reidel, 1986. 249-266.

Vater, M.G. "Human as Idea in the Platonic Tradition and in Spinoza". *Diotima.* 8 (1980): 134-143.

Vesey, G. "Agent and Spectator: the Double Aspect Theory". In *The Royal Institute of Philosophy Lectures*, vol. 1, 139-159. London: Macmillan, 1968.

Wernham, A.G. "Spinoza's Account of Cognition in the Ethics, Part II, Prop. 9-13". Van der Bend, *Spinoza on Knowing, Being and Freedom* 156-161.

Wetlesen, Jon ed. *Spinoza's Philosophy of Man.* Oslo: Universitets forlaget, 1978.

Wilbur, James B., ed. *Spinoza's Metaphysics: Essays in Critical Appreciation.* Assen: van Gorcum, 1976.

Wilson, M.D. "Notes on Modes and Attributes". *Journal of Philosophy.* 78 (1981): 584-586.

Wilson, M.D. "Objects, Ideas, and Minds: Comments on Spinoza's Theory of Mind". In *The Philosophy of Baruch Spinoza.* Kennington,

Richard (ed). Washington D.C.: The Catholic University of America Press, 1980. 103-120.

Wise, R.B.A. "Parallelism of the Attributes". *Philosophical Papers*. 11 (1982): 23-37.

Wolf, "Spinoza", *Journal of Philosophical Studies*, vol. 2 no. 5 (1927): 3-27.

Wolf, A. "Spinoza's Conception of the Attributes of Substance". In *Studies in Spinoza*, edited by S. Paul Kashap, 16-27.

Wolfson, H. A. *The Philosophy of Spinoza*. 2 vols. New York: Schocken Books, 1969.

Woolhouse, R. S. *Descartes, Spinoza, Leibniz: the Concept of Substance in Seventeenth Century Metaphysics*. London and New York: Routledge, 1993.

Yovel, Yirmiyahu, ed. *Spinoza on Knowledge and the Human Mind*. Leiden: E. J. Brill, 1994.

Zellner, Harold. "Spinoza's Causal Likeness Principle". *Philosophical Research Archives*. 11 (1985): 453-461.

찾아보기

(ㄱ)

갈릴레오 18, 22, 33

감정

　/ 능동 감정 168, 188-190, 192,
　193

　/ 수동 감정 168, 188-193, 202

객관적 해석 56, 57, 59-61, 64, 67-72,
　74, 75, 80-84, 87-90, 92, 93-96, 107,
　117, 118

결정론 169, 170, 171

관념 81, 94, 127-131, 138, 143,
　156-158, 168, 179, 190, 191, 198

관념론 39, 51, 62, 121-125, 127-131,
　138. 141, 145, 152, 161

관용 182, 193, 194, 196, 197, 202, 203

구성한다 59, 74, 88, 91, 93, 95,
　104-107, 109, 110, 115, 127

근대 13-17, 19-21, 28

기계론적 자연관 17, 20, 28

기쁨 167, 168, 178-187, 189, 190, 197,
　199, 201

(ㄴ)

내재적 원인 43, 47

능동 감정 ☞ 감정

능산적 자연 ☞ 자연

(ㄷ)

데까르뜨 13, 20-25, 27-31, 33, 36,
　49-51, 55, 117, 118, 153, 154, 159,
　167, 188, 195, 196, 199

델라 로카 141, 147

동일론 121-124, 145-147, 149, 150,
　152-154, 157, 159-164, 199

드 브리스 57, 64-69

(ㄹ)

라틴어   69-72, 91, 103-106, 115
르네상스   15, 16

(ㅁ)

만유내재신론   47, 48
목적론적 자연관   17, 19, 21
무신론   39, 42, 47
무한 양태   ☞ 양태
무한 지성   32, 71, 75-82, 93-95, 107,
    127, 128
무한한   26, 27, 31, 32, 50, 65, 76, 80,
    99, 110, 112, 114, 127, 128, 131,
    143, 144
물체   21-23, 27, 29-31, 49, 50, 55, 62,
    63, 89, 117, 187
미움   167, 180, 181, 192, 193, 197

(ㅂ)

범신론   29, 39-41, 47, 48
베넷   24, 25, 90-95, 102, 103, 106, 107,
    111, 113
변용   178
본질   26, 27, 40, 41, 50, 56-63, 65, 66,
    68, 70-74, 76-79, 82, 87, 88, 90-103,

106, 107, 109-116, 118, 124, 125,
    130, 144, 167
부적합한 인식   187-189, 192, 193, 202

(ㅅ)

사랑
    / 신에 대한 지적 사랑   199, 201
    / 자기 결정적인 사랑   187, 191,
    193, 194
    / 정념으로서의 사랑   168,
    182-184, 186, 187, 190, 191, 194,
    197, 202
사유   ☞ 속성
상상력   37, 172-174, 184
성서   15, 198
세계   17, 18, 21-24, 27, 31, 36-39,
    45-47, 49, 50, 62, 170, 174
소산적 자연   ☞ 자연
속성
    / 사유   29-32, 50, 55, 58, 62, 63,
    76, 79, 80, 88, 89, 93, 94, 116, 117,
    124-131, 134, 139, 143-146, 149,
    150, 153-156, 160, 162
    / 연장   27, 30-32, 50, 55, 58, 62,
    74, 76, 79, 80, 88, 93, 94, 116-118,
    124-130, 134, 139, 144, 146,
    153-156, 160

속성 이원론 56, 117, 152-154, 162

수동 감정 ☞ 감정

슬픔 167, 179-181, 188, 189

신에 대한 지적 사랑 ☞ 사랑

신 즉 자연 13, 50

신학정치론 198

실체 일원론 26, 27, 55, 97, 100, 116, 117, 152-154, 162

실체 즉 신 13, 24, 29, 50, 94

(ㅇ)

아리스토텔레스 17, 29, 195

양태

/ 무한 양태 31, 32, 42

/ 유한 양태 31, 32, 42

영원의 상 46, 203

욕망 167, 168, 179-181, 187, 189, 190, 193, 194

울프슨 56, 58, 73-79, 93, 94, 199

유물론 23, 39, 51, 121-124, 131-141, 145, 152, 161

유한 양태 ☞ 양태

유한 지성 71, 75-81, 88, 93, 94, 108, 127

의지 19, 28, 167, 171-173, 179, 188

이성 14-16, 19-22, 33, 37, 38, 175-177, 190, 193, 196, 197, 200-204

이신론 21, 36, 49

인과 관계 35, 121, 122, 136, 145, 146, 151, 152, 161, 162, 173, 188, 193

인문주의 15, 16

(ㅈ)

자기 결정적인 사랑 ☞ 사랑

자기 의식 173

자연

/ 능산적 자연 40-45, 47

/ 소산적 자연 40-48

자유 의지 28, 50, 169-173, 179, 188, 191, 192, 195, 197

적합한 인식 168, 188, 190, 193, 198, 202

전 우주의 얼굴 32, 42

정념 167, 168, 173, 174, 181, 182, 186-190, 196, 201, 202, 204

정념으로서의 사랑 ☞ 사랑

정신과 신체 28, 116-118, 121-123, 134-137, 140, 144-163, 179, 188

정의 4 57, 69, 70, 73-77, 81, 83, 88, 91, 93, 94, 101, 107-110, 116, 124

제1 성질과 제2 성질 22

종교 21, 42, 49, 200, 203, 204

종교개혁 15, 16

주관적 해석 56-63, 67-72, 75-83, 88,

89, 93-95, 107, 110

죽음 201

증오 191, 193, 203

직관 174, 176, 177, 197, 199-201

(ㅊ)

초월적 원인 42, 43, 48

최고 행복 13, 47, 168, 169, 178, 181,
182, 197, 203-205

취른하우스 127

(ㅋ)

컬리 64, 65, 110, 132, 199

코나투스 178-180, 189-191

(ㅍ)

평행론 51, 121-124, 128, 131, 132,
136-142, 145, 149, 151-164, 188,
199

필연성 32, 41, 46-49, 101, 169-172,
176, 177, 200-202

(ㅎ)

함프셔 131, 134, 139, 140

합리주의 16

형이상학 13, 51, 89, 154, 162

저자 | **박삼열**

영국 글래스고(Glasgow) 대학교에서 철학박사 학위를 받았으며, 관동대학교 겸임교수를 거쳐 지금은 숭실대학교 조교수로 있다. 서양 근대철학 전반에 대해 관심을 가지고 연구하고 있다. 주요 논문으로는 「스피노자의 속성개념에 대한 객관적 해석의 문제점」, 「라이프니츠의 현상론」 외 다수가 있다.

스피노자의 『윤리학』 연구

2002년 12월 15일 초판 1쇄 발행
2012년　1월　5일 초판 2쇄 발행

지은이 | 박삼열
펴낸이 | 이찬규
펴낸곳 | 선학사
등록번호 | 제10-1519호
주소 | 462-807 경기도 성남시 중원구 상대원동 146-8
　　　　우림2차 A동 1007호
전화 | 02) 704-7840
팩스 | 02) 704-7848
이메일 | sunhaksa@korea.com
홈페이지 | www.sunhaksa.com
ISBN | 89-8072-118-8 (03160)

값 9,000원